李睿◎编著

狼性管理

WOLF MANAGEMENT

企业傲然生存的狼性管理法则

通过狼的生存方法，学习管理企业的经验。

石油工业出版社

图书在版编目（CIP）数据

狼性管理：企业傲然生存的狼性管理法则/李睿编著.
北京：石油工业出版社，2010.8
ISBN 978 - 7 - 5021 - 7967 - 0

Ⅰ. 狼…

Ⅱ. 李…

Ⅲ. 企业管理—通俗读物

Ⅳ. F270 - 49

中国版本图书馆 CIP 数据核字（2010）第 160351 号

狼性管理——企业傲然生存的狼性管理法则

李睿　编著

出版发行：石油工业出版社
　　　　　（北京安定门外安华里 2 区 1 号楼 100011）
　　　　　网　址：www. petropub. com. cn
　　　　　编辑部：(010)64523643　营销部：(010)64523603
经　　销：全国新华书店
印　　刷：北京晨旭印刷厂

2010 年 9 月第 1 版　2018 年 1 月第 25 次印刷
710×1000 毫米　开本:1/16　印张：15
字数：230 千字

定价：28. 00 元
（如出现印装质量问题,我社发行部负责调换）

前　言

　　狼，是草原民族的战神，是草原民族的精神图腾，它们在充满险恶的环境中成熟，在不断战胜对手中变得更加强大，谱写出一曲曲震撼人心、催人奋进的狼军团之歌！

　　狼群为什么能如此强大？除了每条狼都骁勇善战之外，还得益于狼群的管理。我们都知道，狼是群体性的动物，如果没有一个很好的管理体系，那么这群狼就是一盘散沙，不仅成不了草原之王，连最起码的生存都会出现困难。毕竟，狼只有在"群起而攻之"的时候才能发挥出强大的实力，把猎物变成自己的美餐。

　　在当今社会，企业生存的环境有如狼群生存的环境，竞争不断，险象环生，时时刻刻都会遭受外界的威胁。那么对于企业来说，如何做才能求得生存与发展呢？透过狼的生存，我们找到了其中的密码：狼性管理，即像头狼管理狼群一样来管理自己的企业和员工。

　　什么是狼性管理呢？其中有至关重要的四个方面：

　　第一，生存。即企业现在所处的位置和前途。无论是对于狼群还是对于企业，生存是最基本的要求。如果没有生存，也就无所谓成功、发展了。在生存之上，进一步确定自己的目标、做好未来的战略，才能真正成为强者。

　　第二，协调。狼要想成为狼群，就必须统一协调，这样才能以群狼的力量捕获猎物。企业也是如此，一个员工的力量即便再大，也是有限的。只有企业内部全体员工群策群力，才能无往不胜，从而立于强者之林。

　　第三，人才。狼群要想傲然生存在草原之上，就必须有一群优秀的狼。企业要想在竞争之中获得生存和发展的机会，同样需要一些优秀的人才，同时懂得激励人才，挖掘人才的积极性，让企业的员工都像狼一样，为目标而打拼。

第四，发展。企业的兴衰和狼群的兴衰一样，只有懂得用发展眼光来看待企业，懂得创新、塑造企业文化，企业员工才会倾尽全力，获得发展的根本。

正因为如此，本书从以上四个方面，在对狼群的管理进行描述的时候，也对当今企业管理进行了反思，特别是通过一些国内外知名企业的验证，获取大量的管理技巧。

狼性管理是战斗式管理，是进取式管理！企业的生存环境险恶，企业面临的竞争残酷，对于企业家来说，最伟大的荣耀并不是从不失败，而是像狼那样把一次失败变成更大的成功，把一次成功变成一次次成功！

目录
Contents

I 篇　生存至上,狼性企业必需的前途管理

对于狼群来说,最为重要的就是生存。这是狼群的前途,也是头狼最需要做好的管理。同样,对于企业的管理来说,也应该做好企业的前途管理,只有让企业首先获得生存,才能有进一步的发展,有更大的目标。

第一章　目标管理——像狼一样盯住猎物 …………………… 3
　　为了"猎物"不懈追逐 ……………………………………… 4
　　找到共同的狼性信念 ……………………………………… 7
　　目标引领狼的动力 ………………………………………… 12
　　做好过冬的准备 …………………………………………… 16
　　追求卓越的狼群目标 ……………………………………… 19
　　将猎物落实到每条狼的责任 ……………………………… 22

第二章　战略管理——明白现在和未来的位置 ……………… 25
　　明白狼群所处的位置 ……………………………………… 26
　　战略是狼群生存的关键 …………………………………… 29
　　审时度势,适时调整部署 ………………………………… 33
　　狼群合作,实现"双赢" …………………………………… 38
　　团结协作使狼群更强大 …………………………………… 41
　　头狼是战略方针的设计师 ………………………………… 46

狼性管理——企业傲然生存的狼性管理法则

Ⅱ篇　协调统一,打造所向无敌的狼性组织

　　狼群是一个协调性的组织,无论是头狼的决断还是群狼的执行,都表明狼性组织是现代企业非常需要的一种组织模式。对于企业管理者来说,一定要提高企业的"柔韧度",做好员工和员工之间、部门和部门之间的协调,这样的企业才能切实提高执行力,获得后续发展。

第三章　制度管理——制度关乎狼群的命运 …………… 53

　　纪律是狼群的生命 ………………………………… 54

　　合理指挥,引导"服从" …………………………… 56

　　用纪律约束端正态度 ……………………………… 61

　　铁的纪律造就铁的"狼军" ……………………… 64

　　狼群的制度和处罚 ………………………………… 67

第四章　组织管理——塑造一个有生命力的狼群 …… 71

　　建立严密的狼群组织 ……………………………… 72

　　健全机构推动狼群发展 …………………………… 75

　　头狼要调动狼群积极性 …………………………… 78

　　"激情管理",以狼为本 …………………………… 82

　　全力以赴,收获战果 ……………………………… 86

　　求同存异,解决狼群内部冲突 …………………… 89

　　狼群需要不断学习和发展 ………………………… 93

III篇　挖掘潜能,培育企业的狼性人才

一条狼的捕猎潜能很可能是由猎物挖掘出来的,更可能是由头狼挖掘出来的。21世纪的竞争是人才的竞争,企业要想发展,并不一定引进多好的人才,只要懂得挖掘现有人才的潜能、培育企业所需的员工,同样能打好这场仗。

第五章　人才管理——有狼才会有狼群 ……………… 101

好狼群需要好狼 ……………………………………… 102

头狼的用狼之道 ……………………………………… 105

培育自己的狼才 ……………………………………… 108

灵活选择,知狼善任 ………………………………… 112

科学配备,保持狼群高效 …………………………… 115

放手使用有一技之长者 ……………………………… 119

加强培训,提升狼群能力 …………………………… 124

让群狼在猎杀中成长 ………………………………… 127

第六章　人本管理——狼群最可贵的是群狼 ………… 131

从狼群收留的一条狼看到的企业管理 ……………… 132

重视狼群的嗥叫 ……………………………………… 134

让群狼做狼群的主人 ………………………………… 138

关注狼群的情感沟通 ………………………………… 142

互相理解,建立畅通的沟通机制 …………………… 145

知狼善任,要让群狼勇挑重担 ……………………… 149

头狼要善于协调狼群矛盾 …………………………… 153

狼性管理
——企业傲然生存的狼性管理法则

第七章　激励管理——激发狼群内在的潜力 ⋯⋯⋯⋯⋯ 157
　　增强狼群集体荣誉感 ⋯⋯⋯⋯⋯⋯⋯⋯⋯⋯⋯⋯⋯ 158
　　狼群的激励艺术 ⋯⋯⋯⋯⋯⋯⋯⋯⋯⋯⋯⋯⋯⋯⋯ 161
　　头狼的榜样力量 ⋯⋯⋯⋯⋯⋯⋯⋯⋯⋯⋯⋯⋯⋯⋯ 165
　　找到捕猎的真正意义 ⋯⋯⋯⋯⋯⋯⋯⋯⋯⋯⋯⋯⋯ 168
　　关心换来无穷斗志 ⋯⋯⋯⋯⋯⋯⋯⋯⋯⋯⋯⋯⋯⋯ 172
　　不可忽视"一块肉"的奖励 ⋯⋯⋯⋯⋯⋯⋯⋯⋯⋯⋯ 175
　　内部竞争推动狼群不断进步 ⋯⋯⋯⋯⋯⋯⋯⋯⋯⋯ 178

Ⅳ篇　狼亦有道,把握狼性企业的发展根本

　　狼群要想发展,食物和捕猎技巧都是根本;企业要想发展,创新和企业文化都是根本。做好企业的创新管理和企业文化管理是发展之道,也是每一个管理者应该尽最大努力做好的事情。

第八章　创新管理——狼群要随猎物不断创新 ⋯⋯⋯⋯ 185
　　绝不安于现状的狼群 ⋯⋯⋯⋯⋯⋯⋯⋯⋯⋯⋯⋯⋯ 186
　　创新关乎狼群生存 ⋯⋯⋯⋯⋯⋯⋯⋯⋯⋯⋯⋯⋯⋯ 188
　　创新激发狼群活力 ⋯⋯⋯⋯⋯⋯⋯⋯⋯⋯⋯⋯⋯⋯ 191
　　超越经验是一种战略 ⋯⋯⋯⋯⋯⋯⋯⋯⋯⋯⋯⋯⋯ 196
　　狼群的卓越源于不断创新 ⋯⋯⋯⋯⋯⋯⋯⋯⋯⋯⋯ 199

第九章　文化管理——为企业注入狼性基因 ⋯⋯⋯⋯⋯ 205
　　从"狼性"中折射出的企业文化 ⋯⋯⋯⋯⋯⋯⋯⋯⋯ 206
　　卓越的狼群文化 ⋯⋯⋯⋯⋯⋯⋯⋯⋯⋯⋯⋯⋯⋯⋯ 209
　　认同企业文化,甘于奉献 ⋯⋯⋯⋯⋯⋯⋯⋯⋯⋯⋯ 215
　　树立独特文化,统一思想 ⋯⋯⋯⋯⋯⋯⋯⋯⋯⋯⋯ 219
　　用归属感铸就企业的"狼魂" ⋯⋯⋯⋯⋯⋯⋯⋯⋯⋯ 222
　　卓越的头狼和企业家精神 ⋯⋯⋯⋯⋯⋯⋯⋯⋯⋯⋯ 226

I 篇

生存至上，狼性企业必需的前途管理

对于狼群来说，最为重要的就是生存。这是狼群的前途，也是头狼最需要做好的管理。

同样，对于企业的管理来说，也应该做好企业的前途管理，只有让企业首先获得生存，才能有进一步的发展，有更大的目标。

狼性管理
LANGXING GUANLI

第一章

目标管理——像狼一样盯住猎物

　　狼群在捕猎的时候眼睛总是一动不动地盯着猎物，直到捕获猎物为止。这样做的原因很简单，猎物是狼群的目标，只有始终盯住自己的目标，才能有所收获。这个道理对于狼群来说是如此，对于企业亦是如此。企业的目标是企业活力的加压泵，它能赋予员工理想与责任，并且能使个体产生出一种情绪高昂、奋发进取的力量和激情。有了目标，员工就会时时受到鼓舞，处处感到满意，从而增强荣誉感和责任心，并自觉地为获得更新、更大的成功而瞄准下一个目标。

为了"猎物"不懈追逐

我是一条狼

一条锐意进取的狼

在我的眼光中

除了猎物还是猎物

为了它

我可以不懈追逐

直到我倒下

我的眼光里还有猎物的身影

这就是我

一条狼的传说

……

——【狼性宣言】

在寒冷的西伯利亚地区，生活着一些狼群。西伯利亚的严寒气候并没有让它们退缩，往南迁徙，反而，这里的气候为狼群营造出了一个相对宁静的无人区。狼群在这里基本上可以自由自在地生活、捕猎，不用受到人类的攻击和无端捕杀，特别是在冬季，千里冰封，万里雪飘，方圆几公里基本上看不到一个人，虽然这段时间是狼群捕猎最难的时期，但是也是狼群最安全的时期。有得必有失的道理在任何地方都适用。

在这些狼群中间，有一个狼群最大，也最为突出。即便是在寒冷的冬季，在其他狼群挨饿受冻的时候，它们都能"衣食无忧"、"吃香喝辣"的。即便有"青黄不接"的时候，也仅仅是几天而已。为什么同样是狼群，同样生活在缺少食物的寒冷的西伯利亚地区，生活条件却有这么大的区别呢？

原因很简单：这个狼群有一条不同凡响的头狼。这条头狼身材魁梧，除了背部有一条纯白色的条纹之外，全身都呈现灰白色。也正因为如此，当地的狼群研究者都叫它白背狼，这个狼群也就命名为白背狼群。

白背头狼为什么如此厉害呢？我们不妨从一次猎杀说起：

寒冷的西伯利亚地区，能捕获的猎物总是很少，所以，每次发现猎物的时候，狼群总是会奋力追逐。可是科研者通过研究对比发现，这种"奋力"的程度并不一样。有的是持续 10 分钟，而有的能持续 30 多分钟，乃至一个多小时，行程几十公里、上百公里。毫无疑问，越是奋力追逐的狼群就越能获得猎物，白背狼群就是如此。

在科研者的记忆中就有这样一次堪称经典的捕杀。那一次也是在冬季，厚厚的积雪对于人类来说，行走都已经相当困难了，对于身材更小的狼来说更加困难。可是为了捕获猎物，白背狼带着自己的狼群出发了。按照狼群的规矩，刚开始的时候，头狼白背狼在前面开路，用自己的腿扒出一条简易的道路，以便后面的狼群通过。走到一定距离的时候，第二条狼上前，代替头狼的位置开路，头狼则在狼群的后面，恢复体力。就这样走了将近 5 公里，白背狼群发现了目标：一群西伯利亚羚羊。这些羚羊经常在积雪厚厚的西伯利亚地区生活，和一般的羚羊相比，它们的腿更长、更加适合奔跑，因此它们的行动也更加迅捷。

见到了猎物，狼群自然不会放过，很快白背狼群自动进入了"临战"状态，加上头狼在内，七条成年狼对着这群羚羊摆开了架势，就等着白背狼下达攻击的命令了。可就在它们即将发动攻击的时候，从另一个方向窜出来另一队狼群，对着这群羚羊直冲了过来，刹那间羚羊四下逃窜，其中有一只向着白背狼群埋伏的地方奔过来，白背狼果断地下达了攻击的命令。此时的羚羊已经惊了，警惕性特别高，听到白背狼的嗥叫后，便急忙转过头，向另外一个方向疾奔过去。由于羚羊的速度非常快，白

背狼群还没反应过来，羚羊群就不见了踪影。

两个狼群都猎杀失败了，但都没有放弃，继续追击这个羚羊群。两个狼群，相隔不到 100 米的距离，一路尾随。就像羚羊群后面的两条尾巴。刚开始，科研者以为这两个狼群都会"不达目标不罢休"，可是过了一段时间之后，科研人员发现了一个有趣的现象：另外一个狼群在追击了几公里之后，头狼下达了放弃的命令，一无所获的狼群开始原路返回；白背狼则下达了继续追击的命令，似乎在白背狼的心目中，这群羚羊总有一只是属于自己的。即便狼群中有几条狼已经有了"回头"的动作，但是白背狼始终没有这样做，它依旧高昂着脑袋，在前面坚持不懈地开路，寻找着发动第二次攻击的机会。

果然，在对方狼群放弃的一个小时之后，白背狼群对羚羊发动了第二次攻击，这一次，白背狼群很快就掌握了主动权：七条狼，七个凶狼的身影以最快的速度扑向惊慌失措的羚羊群。在一阵羊群的惊声尖叫和狼群的嗥叫之后，山麓重新恢复了平静，只是在原本平整的雪地上，留下了一只羚羊的尸体和一群疯狂进食的饿狼。

白背狼群成功了！达到目标之后的狼群用鲜红的舌头舔了舔嘴角并开始往回赶。一天的捕杀结束了，接下来的时间，它们可以尽情玩耍了，至少在这一天的时间里，它们不用再为肚子着急了。

同样是狼群，面对同样的猎物，一个狼群失败了，而另外一个狼群成功了。其中的原因在哪里呢？毫无疑问，就是追击猎物的态度。从这次猎杀当中我们可以看到：头狼的不同，导致狼群对目标管理的不同，最终导致狼群生存状况的不同。这就好比我们的企业，同样在金融危机中，有的企业步履维艰，随时都有倒闭的危险，有的企业却借着危机的东风，大肆扩张市场、疯狂敛聚财富。原因还是一个：领导者不同，从而导致企业的目标管理不同。

任何一个组织，如果能产生出强大的凝聚力和战斗力，那么其背后一般都会有一种所有组织成员都认可的目标在支撑。在实现这个目标的时候，我们是选择轻描淡写地坚持，还是不懈地坚持呢？不同的选择，有着不同的结果；选择前者，最终只能半途而废，就像那个中途退出的狼群一样，奔波劳碌却无功而返。而选择后者，企业的目标就非常明确，员工就能极尽全力地为目标不懈努力。

员工竭尽全力做好每一件事，是一个企业成功的基础。成功的企业家则通过赋予员工使命感把人身上的各种潜质都统统地挖掘出来，并促使全体员工协同起来，为企业战斗。研究激励理论的学者认为，最有力的激励手段是让被激励者感觉自己的工作非常有意义，自己是在做一件很伟大的事情，他们觉得完成这一目标能够给自己带来荣誉和尊严。一旦员工对自己的工作有了"神圣"感，他们就会义无反顾、勇往直前地应付企业面对的所有挑战。

拥有共同的目标是企业发展的动力和前提，但更重要的是在达成一致之后，对共同目标坚持不懈的追求。

【狼性管理说】

任何一个企业都有目标，但并不是每个企业都能获得成功。成功与否就在于我们能为这个目标付出多少，是点到为止的努力还是百分之百的不懈？从各大成功企业的发展历程中我们可以发现，只有懂得为目标不懈努力，企业才能获得最后的生存和发展。

找到共同的狼性信念

每一个狼群

都有属于自己的信念

或是为了领地

或是为了猎物

抑或是为了狼群中的母狼

不同的信念

狼
性
管
理
——
企业傲然生存的狼性管理法则

　　打造不同的狼群

　　无论如何

　　没有信念就等于没有方向

　　只有死路一条

　　……

——【狼性宣言】

　　每一个狼群都有属于自己的信念支持，白背狼群也不例外。白背狼群的信念就是生存。这个信念既简单，也很务实。如果失去了生存，那么所有的一切都将是不现实的，无论是你的领地还是别的狼群的年轻母狼。

　　当然，由不同的信念衍生出来的行动目标和方向也是不同的。对于白背狼群来说，生存的信念衍生出来的行动目标和方向只有一个：猎物。因此，无论什么样的季节、无论什么样的天气、无论遇到什么样的猎物，白背狼都会带领狼群勇猛地扑向猎物，一次不成功就两次，两次不成功就三次，直到成功为止。也正因为如此，在白背狼群的历史上，最惊心动魄的不是狼群和狼群之间的火拼，也不是为了一条母狼而大打出手，而是为了猎物不惜一切代价地追击、扑杀。对于狼群来说，这就是生存，也是生活、奋斗的全部。

　　总览市场中的优秀企业，在这些企业内部都能找到企业成员共同信守的信念。中国企业的骄傲——海尔集团的组织信念是：敬业报国，追求卓越。

　　海尔树立的这条奋斗信念源于张瑞敏在德国的一个故事。1984年，张瑞敏第一次出国，一位德国朋友恭维地对他说："在德国市场上，最畅销的中国货是烟花爆竹。"

　　对一般中国人来说是句恭维的话，但在张瑞敏听来却感到莫大的刺激。外国朋友的话，让张瑞敏的心里有一种流血的感觉。回到国内，张瑞敏下定了决心，要打造出中国的世界名牌，海尔的产品要与"德国造"、"美国造"一决高低，海尔要让"海尔——中国造"的旗帜飘扬在世界各地。

海尔为什么非要提出"中国造"？在国际上虽有许多标有"中国生产"的产品，但以中国品牌形象出现的却很少。很多时候，名牌代表着一个国家，标志着一个民族的素质。比如一说到"日本造"，人们马上就会想到，所有的功能它都能给造出来。日本人有非常强烈的市场意识，能应顾客所需，同时把顾客想不到的功能也制造出来。同样，一听到"德国造"，大家马上就会认定这个产品的质量肯定没问题。德国人做事一丝不苟，这种民族精神也体现在其产品上。而"中国造"在国际上给人的印象往往是技术含量比较低的廉价产品。"海尔——中国造"就是要在世界上打响中国的名牌，表现在我们有和"日本造"、"美国造"、"德国造"不同的优势，既具有"德国造"那么高的质量，还要有"日本造"那样可以满足人们的市场需求，向世界表明："中国造"同样可以享誉世界。

1995 年，海尔把冰箱带到德国市场上去销售。当时德国 20 多个经销商，根本就不相信也看不起刚学会造冰箱的海尔产品能够打进德国市场。面对这种状况，张瑞敏向经销商建议：把运过去的 4 台海尔冰箱的商标揭去，和其他德国冰箱放在一起，然后让经销商去辨认。这样一来，哪个是德国生产的，哪个是海尔生产的，谁都看不出来，结果海尔冰箱赢得了抽检第一，德国人一下子就服气了。

接着，海尔在美国建立工厂，由美国人生产和销售，彻底融入了当地文化。从此，在国际市场上，"海尔——中国造"也正式拉开了序幕。那时有的专家认为：去美国办厂，会使海尔失去低廉的劳动力成本优势，在短时期内无疑是大把"烧钱"的行为。但张瑞敏坚定认为，"海尔想做世界品牌就必须去美国。先难后易，要创世界名牌就必须进入发达国家市场！"经过大胆地探索，海尔成功了。

现在，海尔已经成为在海内外享有较高美誉度和知名度的大型国际化企业集团。海尔产品也由 1984 年的单一冰箱发展到拥有白色家电、黑色家电、米色家电在内的 96 大门类 15100 规格的产品群，并出口到世界 100 多个国家和地区。

海尔从一个名不见经传的小厂发展壮大到享誉全球的世界名牌，其

成功的原因可以写一本书来探究，但其中很关键的一个因素就是以张瑞敏为代表的海尔人，心中有一个明确信念，这个信念就是不甘心永远跟在其他国家的后面，立志把"海尔——中国造"打造成为世界的名牌，实现中华民族的伟大振兴而奋斗的信念。

从海尔集团的成功，我们可以得到这样一个启示：一个组织的强大必须要有共同的信念作为指导。只有拥有明确的、共同的信念，才能真正凝聚全体员工的力量，才能打造真正的狼性企业。

无论是企业中的员工还是狼群中的条狼，都有着自己的思维和利益。如何将这些目标进行整合，塑造一个共同的目标，对于管理者来说是非常难的，但也是非常重要的。

许多公司多年的管理实践表明，有效的管理方式之一就是用共同的目标引领全体员工。

德鲁克认为，并不是有了工作才有目标，恰恰相反，是有了目标才能确定每个人的工作。所以企业的使命和任务必须转化为目标，企业的各级主管必须通过这些目标对下级进行领导，以此来达到企业的总目标。

任何企业必须形成一个真正的整体。企业每个成员所做的贡献虽然各不相同，但是，他们都必须为着一个共同的目标而奋斗。他们的努力必须全都指向同一方向，他们的贡献都必须融为一体，从而产生一种整体的业绩——没有隔阂，没有冲突，即没有不必要的重复劳动。

作为管理者，必须为组织设定一个共同目标。

1. 确立组织的共同目标

如果一个组织没有特定的目标，则这个组织必定被忽视。如果没有方向一致的分目标来指导各级主管人员的工作，则企业规模越大，人员越多时，发生冲突和浪费的可能性就越大。因此，企业的运作要求各项工作都必须以整个企业的目标为导向，尤其是每个管理人员必须注重企业整体的成果，每个人的成果是由他对企业目标所做出的贡献来衡量的。

领导者应该锲而不舍地追寻你的目标，最好把这个目标写下来，张贴在所有人都看得见的地方，不要把这项讯息搁在你的办公桌上，或是放进档案夹里，帮助员工相信这个目标的确存在。

2. 目标应该是明确可行

现代企业中，组织成员都喜欢追求目标，不过前提是目标必须清楚可见，而且确实可行。通过黝暗的隧道不打紧，但是一定要看得见隧道尽头透着一些光线。目标绝不能是个画饼充饥的虚无梦想，而要让人感受到，目标虽然困难，但是一定可以达成。

明确的企业目标是正当可行的，它不是公关惯用的华丽词藻，也不是鼓舞士气的夸大宣传。所以，管理者对定义恰当的目标应做出具体的承诺。

3. 重视目标的激励作用

有人曾对目标的激励作用作了考察，其结果令人吃惊：90％表明目标制定能大大地提高工作效率，迄今为止没有哪一种已知的促进生产的手段能刷新这个纪录。因此，在管理企业时，一定要给每一个人，包括从经理人员到一般雇员，制定出他们个人的经济指标和实现后的奖励制度，以及完不成任务的制裁措施。要从制度上保证领导者的事业就是大家的事业，大家的事业由大家来出力。每个人都是公司的主人，都要拿出主人的干劲来，同时，使每个人都觉得身上的担子并不轻松。因为公司的成败直接关系到个人的得失。在公司中，让每一个雇员尽可能地多承担责任，就会把公司变成一个团结在一起的强有力的集体，组织才会不断进步。

4. 让员工认同公司目标

大胆表达自己主张的企业，通常会吸引认同企业价值的员工，而对于具体实现这些价值的企业，这些员工也会付出更大的努力。ABB集团副总裁林道说："经理人员不是对某个老板效忠，甚至也不是对企业效忠，而是对他们相信的一套价值观效忠。"

因此，塑造一个共同的目标，创建共同的价值立场和相同的价值理念，是成为引发员工积极性和工作动力的重要手段。

【狼性管理说】

　　对于企业来说，仅仅提出一个个数据是不够的，应该给全体员工一个明确的努力方向，即我们到底要做什么，让员工明白这些数据背后所蕴含的意义。

目标引领狼的动力

我们也有惰性

也想安逸地生活

但是我们知道

万名不是上帝的宠儿

猎物不会主动送到嘴边

只有我们不断地奔波袭击

下一顿才有着落

生存才会有望

这就是我们的动力

也是我们的目标

……

——【狼性宣言】

　　在我们看了白背狼群和其他狼群对猎物的不同态度之后，心中不免产生这样一个疑问：同样的环境、同样是狼群，为什么它们之间对于追捕猎物的态度有那么大的差别呢？另一个狼群仅仅追了几公里远的地方就放弃了，而白背狼群则可以追击几十、乃至几百公里，直到成功。那么白背狼群这样做的动力是什么呢？

　　在很长一段时间，科研工作者们不得而知。直到有一天，科研工作

者们偶遇白背狼群中一条狼的"葬礼",才猜到其中的原因:

那天,白背狼群和往常一样出去捕猎,可是刚走了不到1个小时,就听见前面有一个狼群在集体"嗥叫",声音虽然不高,但是却很浑厚,其中还夹杂着一些悲伤的情绪。白背狼被这种嗥叫声深深地吸引住了,二话没说,就带领着自己的狼群来到了嗥叫的狼群身边。

在表明自己是没有恶意以后,白背狼群靠近了这个狼群,在它们的中间,发现了一条死去的狼。从它瘦瘦的肚皮就可以看出,这是一条被饿死的狼——这个狼群连着好几个星期都没有收获,这条狼实在支撑不住就被活活饿死了。

看到这里,白背狼又开始带领着自己的狼群离开,就在转头的一刹那,科研人员惊讶地发现在白背狼的眼眶周围,有着湿润的液体,难道那就是狼的眼泪?白背狼没发出一声嗥叫,似乎是在为那条饿死的狼默哀。

"难不成白背狼也遇到过这种情况?"一个科研人员大胆提出了自己的猜想。这一猜想使大家很快想到了同一个问题:白背狼群没有和公狼年纪相匹配的母狼!

白背狼群中的一个秘密被解开了:白背狼之所以要疯狂地追击猎物,不懈地努力捕获猎物,其目的非常明确——不要再重蹈以前的悲剧。白背狼希望用母狼的死换取整个狼群的繁荣昌盛,这就是白背狼群的动力,也是最终目的。

坚定的目标可以产生强大的动力。组织一旦有了明确的目标,下定了决心,有一种对成功的渴望,就会产生强烈的使命感和激情,在这样的情况下,没有什么能阻止它们达到目标。

一个组织的目标应该有一种"行动的承诺",即首先应明确"我们为谁而努力",借以达成企业的使命;也应该是一种"标准",借以测量组织绩效。组织的目标应转化为特定的目的及特定的工作配置,同时目标还足以成为一切资源与努力集中的重心,应从诸多目的之中,找出重心,作为组织人力、财力和物力运用的依据。因此,如果组织的目标仅仅表达了一种"意愿",那么这些目标将形同废纸,没有丝毫意义。组织设立

的目标，一定是具体的、清晰的、明确的、可以测度的，并且可以转化为各项工作。

作为一个企业组织，要想在激烈的市场竞争中生存、发展、壮大，首先就应该明确组织的目标和使命，只有这样，组织才能永葆青春和活力，才能在市场的摸爬滚打中屹立不倒。成都恩威集团就是一个很好的例子。

恩威的组织使命集中体现在其独具特色的效益观、利润观、竞争观：

1. 恩威的效益观

恩威的效益观，是以生态效益为第一，社会效益为第二，经济效益为第三的综合效益观。恩威集团以生产中草药制剂为主，其生产的原料中不含任何珍稀动植物，从而避免物种灭绝，维护生态平衡，同时极力杜绝环境污染。

恩威药物的产品是纯天然的中草药制剂，质量优异，品质纯正，具有良好的社会效益。恩威集团的经济效益，来自显著的疗效、可靠的质量、良好的信誉以及高科技产品的高附加值。

恩威公司为什么这样排列效益顺序？在恩威人看来，生态效益体现的是整个人类及子孙后代的利益，应当放在首位；社会效益体现的是全体社会成员的利益，应当放在第二位；经济效益体现的是企业自身的利益，应当放在末位。

2. 恩威的利润观

几乎所有企业都把利润作为企业所有或企业家个人所有的，可是恩威集团总裁薛永新却认为，"企业的利润是公众对企业界交纳的、对未来利益的订购……企业应当不断地为公众生产新的利益，不可将'订购'视为己有。"将利润看做公众对企业的订购，只能用于回报社会，不能占为己有和挥霍浪费。这种见解，是恩威的又一特色。

恩威公司的利润，一是用于扩大生产经营、改进工艺流程；二是用于改善职工的工作条件和生活条件；三是用于社会福利性事业的捐赠。三者都是为了更多更好地回报社会公众。

3. 恩威的竞争观

在当今各种竞争越演越烈的社会环境中，成都恩威集团总裁薛永新却主张"变竞争为竞赛"，主张"不争"。他在其专著《九道·无为》中写道："因一个'争'字，就把人们带到了邪路。所谓商场如战场，你死我活，不择手段，尔虞我诈，这种血淋淋的经济对社会无任何好处。我认为，应把竞争改为竞赛，来一个市场大竞赛，相互帮助、学习，取长补短，市场自然会和谐地繁荣。"

所谓"不争"，就是专心致力于企业的自我完善，而不去与别人争强斗胜。这就意味着广泛收集市场信息，深入研究消费需求，积极改善生产经营，努力挖掘内部潜力，使质量精益求精，使效率高了又高，使浪费少之又少，使服务好上加好。

这些独具特色的企业观念，体现了恩威企业精神的必然要求。

基于上述思想的领悟与遵循，恩威树立了"愿众生幸福、社会吉祥"的良好心愿，确立了"服务社会，造福人类"的博大宗旨。恩威集团的理念、宗旨，很好地回答了"我们为谁而存在"这样一个问题，从而拥有自己的行动目标和使命追求。

什么样的目标能使组织士气高涨，将每一个成员的能力发挥到极致，永远成为竞争中的赢家呢？一个富有进取心的领导者往往投向这样一种目标——挑战性，即远大的目标。领导者在制定挑战性的目标时要因时、因地、因人而异，灵活掌握，还要遵循这样一条原则：不断强化必胜的观念和信念。

【狼性管理说】

要想打造一个"狼性"企业，不仅需要有一个让员工了解的目标，还要在树立明确的目标以后，将目标转化为动力，激发员工的积极性和动力，让员工主动为企业工作、主动为完成企业的目标而不懈奋斗。

做好过冬的准备

我们是狼

在寒冷的冬季不会选择冬眠

而是会做好一切的准备

换上浓密的毛

选择坚固的巢穴

养肥身上的膘

……

全力迎接冬天的到来

……

——【狼性宣言】

白背狼群生活在寒冷的西伯利亚，那里一年几乎有半年的时间被冰雪覆盖，对于风雪的到来，狼群一点也不敢马虎，每一年都早早地做好准备。当然，狼群并不是做好冬眠的准备，而是提早选择那些对自己有利的东西，比如说一个朝阳的巢穴、一块适合捕猎的场地……在生活条件如此恶劣的地方，白背狼群深深地懂得一点：只有提早做好准备，才能更好地生存。

这一点，用于当今的企业来说也是适合的。要想在竞争如此激烈的市场环境中生存，就必须时刻警惕"风雪"的到来。正所谓识时务者为俊杰，对一个领导者来讲，能把眼下的形式分析透彻，并做出准确的判断，是一项最基本的能力。从布局的角度来讲，成与不成的关键在于局前分析，不仅要"识大体，顾大局"，更要把方方面面的利害关系了然于胸，这是目标得以完成的先决条件。

作为企业，要完成企业的使命或目标，也需要时时有未雨绸缪的思想，把各方面的因素都考虑到，并准备好后续的解决办法，这是使目标不致流于空谈的最可靠的保障。

2008 年，中国在经历长期的经济高速增长后，民营企业在国际经济形势不景气和国内宏观经济调控的大背景下，正面临一个"经济严冬"的考验。就在许多企业苦苦寻找"过冬"之策时，华立集团的会场内却谈笑风生。"在很多企业为生存而苦恼的时候，我们集团内部的各家企业还在互相比较谁赚的钱多。"集团副总裁赵江华说，"这得益于集团三年前就提出的'过冬棉袄论'"。

"过冬棉袄论"的提出者是杭州华立集团掌门人汪力成。在 2005 年财团的半年度会议上，身为华立集团董事会主席的汪力成第一次抛出了民营企业"过冬棉袄论"。他警示说，虽然目前形势大好，但对我国大多数本土企业而言，"严冬"期早晚要来临，要求大家对此做好准备。

当时恰逢宏观经济形势一片大好，企业经营蒸蒸日上，这一理念的提出并未引起企业中高层经理人的共鸣，甚至有少数经理人不以为然，认为有杞人忧天之嫌。然而谁都没有想到，这一警示在三年后开始应验。

"我当时的判断并非空穴来风。"在一片欣欣向荣的背后，他看到了经济发展中的一些结构性问题。"虽然总量很大，但在整个国际价值链中，始终处于低端、被动的地位，发展的层次非常低。"汪力成说，"大多数行业开始处于生产过剩而引发的过度生产甚至恶性竞争状态。同时，制造业正面临着上游资源和下游渠道越来越严重的'二头挤压'，盈利空间越来越小。"

在汪力成的"过冬棉袄论"提出的时候，国外跨国企业"大举入侵"，使得国内市场进一步被瓜分。同时，游戏规则逐步改变。"国外的大企业纷纷来分享国内的蛋糕，而国外的蛋糕我们却没有能力分吃到。"果不其然，随后几年，知识产权、技术标准、绿色环保壁垒、反倾销壁垒、企业道德标准接踵而来，海外市场的进入标准不断

提高。

与此同时，汪力成看到，经济运行过程中必然蕴涵着很多风险。比如，企业的负债率过高；劳动力成本、能源成本、土地成本等制造业生产要素不断提高；能源短缺问题初步显现……这一切让汪力成感觉到：制造过程的成本逐年升高，企业未来发展危机重重。于是，汪力成给他的团队提出了新的要求——准备好"过冬的棉袄"，冬天不来没有关系，但是一定要确保寒冬来临之时，我们能够有备无患！

最为典型的事例发生于 2006 年。华立在房地产业如日中天之时，却主动从一线房地产开发商转型为地产投资商，当时所有的人都想不通。回想当时的决定，汪力成认为，房地产的暴利时代已经过去，下一轮的行业调控将非常严峻。同时，虽然房地产的平均利润远高于制造业，但像华立这样的制造企业，如果把全部精力投入做房地产，就会丢弃主业。后来当不少开发商深陷地产泥潭时，华立却在地产投资领域轻装上阵，择机而发。

改革开放 30 年，不少企业在多次宏观调控和危机之下成为历史。但有着 38 年历史的华立在大浪淘沙之后，依然能够拥有勃勃生机，这就缘于其未雨绸缪、居安思危的忧患意识，以及否定自我成功经历、正确评价未来形势的勇气及智慧。

无论对于个人还是组织，全面而准确地预见各种可能的变数，是各种组织活动有序进行的重要保证。其实质就是一种计划管理，它是一种主动降低风险、提高效益，有效使用现有的资源，更好地把握公司未来发展的管理活动。

对于一个公司或团队的领导者而言，他所制定的计划不仅涉及自己的工作，还在很大程度上决定他人的计划和行动；一项计划是否经过充分考虑，是否周密完全，将直接影响到任务和目标的完成及组织的效率。

【狼性管理说】

对于企业来说，生存就是度过一个又一个的"冬季"。要想安全地度过这些"冬季"，就需要领导者在"冬季"来临之前，进行精确的分析，制订合理的计划、战略以及各种情况的应对措施。记住，只有懂得未雨绸缪，才不会被雨淋湿。

追求卓越的狼群目标

这是一个卓越的时代

只有卓越的狼群才能捕获猎物

不要害怕你的猎物难以捕捉

只要你有一颗追求卓越的心

一切都将成为现实

平庸的猎物只能属于平庸的狼群

在冬季来临的时刻

平庸就只能走向灭亡

……

——【狼性宣言】

在偌大的西伯利亚地区，狼群并不是很多，甚至可以说很少。不仅是因为这个地方猎物不多，还在于这里的猎物不好捕捉。特别是在冰雪覆盖的冬季，厚厚的积雪总是让狼显得身体臃肿、移动笨拙。不要说捕获猎物，即便是最简单的行走有时都会显得很困难。也正因为如此，在西伯利亚生活的狼群，并不是完全靠奔跑的速度来捕获猎物的，而是利用狼群的智慧来捕获猎物的。环境的恶劣，对手的强大决定了这一点，狼群别无选择。

也就是说，在这个地方生存的狼群，要想让自己获得更好的生存，就必须让自己变得更加卓越、更加有智慧。对于这一点，白背狼群有着深刻的体会。在每次捕猎的时候，白背狼都会对猎物周边的地理环境进行一番勘测，以此来判断是否适合在这个地方猎杀。如果不适合，白背狼会选择就地休息，而不是盲目出击。否则，不但不会有所斩获，而且还会浪费体力。

当然，要想体现自己的智慧，做到卓越，在制订捕杀计划的时候，白背狼都会尽量做到完美，因为它知道，只要有一个漏洞，就会让所有的努力功亏一篑。正是对环境、猎物、自身有了深刻的了解，白背狼群才成为当地一个卓越的狼群。

米勒说："卓越并非指成就，而是一种精神，一种动力，一种工作伦理。它掌握着一个人或一家企业的生命和灵魂，使之走向成功。"因此，不要怕将目标定高了，因为平庸的目标不会产生卓越的成就。

追求卓越就是"求好"。企业组织的一切工作都应以卓越的成效为目标。卓越是关于接近杰出工作信念的理想境界，并不是指工作绩效的完美无缺。米勒认为，要求一切完美是不现实和有害的；一个完美主义者很少具有愉快的个性，一个要求环境绝对完美的人也不可能轻松愉快。但是，如果以"求好"为目标，就可以经常刺激和引发人们进步向上。

有"不知天高地厚"的万科新总经理郁亮，2003 年，伴随着所谓"千亿计划"的出炉以及随即引起的巨大关注，郁亮开始带领万科全速前进的新行动：1000 亿的新目标、每年超过 60%的增长靠并购、产品线迅速延伸，所有这些新举措都可以视作万科的新标签。正如郁亮所说，变化是必然的，关键看你是否抓住时机走对了路。

那时，黑马顺驰突然喊出"100 亿"目标，一时间震动业界。在房地产这个一直被认为做不大的行业，从来没有企业想做到 100 亿。即便以行业的标杆、领跑者自居的万科，2003 年的销售额也不过 63 亿元。董事长王石听到顺驰董事长孙宏斌的"狂言"，第一反应是："你不可能超过万科！"

　　土地招拍给了全国房地产企业全国化扩张的可能。对于接任总经理已经进入第三个年头的郁亮来说，按部就班地工作、思考自己应该承担哪些职能的时间已经足够了，但郁亮绝不满足于"25%以上的利润率"。1000亿元，是郁亮给万科提出的新目标。

　　2004年春天，深圳银海山庄，万科召开十年发展规划畅想会。这个由万科所有一线老总和部门业务经理中层都参加的会议的议题很简单：万科10年之内做什么，会做成什么。一个年轻的副总提出：10年之后万科会做到1000亿元的规模。王石跳了起来："年轻人要沉住气，不要被顺驰弄乱了阵脚。"

　　然而，就是这个看起来像是回应竞争对手的天文数字，最终确实被写进了万科10年发展规划中。

　　对1000亿这个目标的注解，郁亮是用一串数字让王石回到椅子上去的：按照万科30%的复合增长率（从2004年开始，万科保持了超过30%的复合增长率，过去5年的复合增长率大约36%，考虑到波动因素下取到30%），10年之后增长的结果就是1000亿元。郁亮说："这不是目标，是结果。"王石接受了，并且之后在多个场合说，达到1000亿，对万科也许不需要10年那么久！

【狼性管理说】

　　平庸的理念、平庸的管理只能带出平庸的企业。一个企业要想做到卓越，首先就应该具备卓越的理念，最起码也应该有个卓越的目标。对此，企业领导人应该非常清楚自己该怎么去做、该做什么。

将猎物落实到每条狼的责任

猎物是目标

为了这个目标

我们必须听从头狼指挥

奋力奔跑

扮演好自己的角色

这就是我们的责任

......

——【狼性宣言】

一个卓越的狼群对于责任的分配并不是杂乱无章的，至少在捕杀猎物的时候应该是分工明确的。理由很简单，猎杀是各种角色组合在一起的团队型运动，要想达到自己的目标，每个角色就必须明确自己的责任，并勇于承担责任。比如白背狼群在捕猎的时候，每条狼的角色分配基本上是固定的，哪几条狼埋伏，哪几条狼助威，哪几条狼猎杀……

明确的角色分配让狼群中的每条狼都知道了自己要承担的责任，而责任的明确就等于目标的完成。

能够在激烈的市场竞争中生存下去，并能得到卓越发展的公司管理者，在某种程度上都是目标的制定者。他们在为公司确立其特定的理念时，把复杂的经营理念简化成一个个具体的目标，并以此指导一切经营活动，然后再进行责任驱动，实现公司长期持续发展。

判断一个企业能否生存发展，要看其员工是否具有责任意识、主人翁意识。作为一名员工，要通过干好本职工作为公司目标做贡献。员工应努力扩大职务视野，深入领会公司目标对自己的要求，养成完成任务的思维方式，提高协作水平与技巧。有一点对现代企业非常重要，就是员工应注意职责间的制约关系，避免越俎代庖。尽管员工有义务实事求是地越级报告被掩盖的管理中的弊端与错误，在紧急情况下便宜行事，为公司把握机会，躲避风险，但是，这种情况不值得鼓励，因为员工毕竟缺乏经验及技能，思考问题也不如管理者来得全面，信息也不灵通，所以遇到稍微复杂的问题还是应当汇报给管理者。越级报告者或便宜行事者，必须对自己的行为及后果承担责任。

员工有疑问的，有权向管理层提出咨询，当然，必须是在不影响工作的前提下；员工对改善经营与管理工作具有合理化建议权，有权对认为不公正的处理，向上司提出申述，申诉必须实事求是，并以书面形式提出，不得影响本职工作或干扰组织的正常运作，各级主管对下属的申述，都应当尽早予以明确的答复；职工有权保留自己的意见，应当注意维护企业内部和谐的气氛。

员工和干部的考评，应按明确的目标和要求，对每个员工和干部的工作绩效、工作态度与工作能力进行一种定期进行的考核和评价。工作绩效的考核侧重于绩效的改进上，宜细不宜粗；工作态度及工作能力的考评侧重在长期表现上，宜粗不宜细。考评结果要建立记录，考评要素随公司不同时期的成长需要应有所侧重。各级主管与下属之间都必须实现良好的沟通，以加强相互的理解和信任。

【狼性管理说】

对于企业管理者来说，不仅仅要明确整体的目标，还要将这些目标转化成每个员工身上的责任。只有这样，企业的目标才能真正落实到位，而不是一个虚空的数据、愿景。从目标到责任这个简单的道理，很多企业领导者却始终没有领悟清楚。

狼性管理
LANGXING GUANLI

第二章
战略管理——明白现在和未来的位置

　　一个组织没有发展战略，就是没有发展思路，没有思路也就没有出路。组织的发展战略就像是茫茫大海中的灯塔，为组织指明前进的方向。战略的重要性不言而喻。那么，是否存在一个普遍适用的战略呢？正如管理方法、领导方式具有情景性质，战略也必须因环境而异。无论一个战略制定得多么完美，它未必对所有公司都适用，也不是对某一公司的任一时期都适用，关键在于要根据形势调整战略部署。只有在分析组织所处的环境、内部资源拥有状况、利用能力的基础上制定出的战略才是可行的。

明白狼群所处的位置

明天究竟会怎样

我们不知道

但是，我们知道今天怎么样

并且做好了明天的打算

如果还有明天的话

……

——【狼性宣言】

虽然说西伯利亚的狼群并不是很多见，但是它们彼此之间也会存在竞争。所以头狼必须明确一个问题：自己的狼群处在一个怎样的力量水平上。

即便狼群再少，它们之间也会因为猎物、领地等发生争斗、火拼。如果两个狼群之间的力量过于悬殊，那么对于力量小的一方来说，是非常不利的，不仅会丢失领地，甚至还会"损兵折将"。所以，一般情况下，力量较小的狼群如果遇到力量较大狼群的攻击，就会主动让出自己的地盘或者猎物，以免发生不必要的伤害。它们之所以这样做，并不是"胆小"的行为，而是一种理性、保存实力的举动。

对此，白背狼也深有体会。

那天，白背狼在猎杀完一只羚羊之后，准备回到巢穴，在途径一个小山坡的时候，它看到了山坡下两个狼群正在因为一只羚羊而争斗。很明显，两个狼群在成年狼的数量上势均力敌，稍微大一点的狼群有五条成年狼，而稍微小一点的狼群则有四条成年狼。此时，正是四条成年狼的狼群捕获了猎物，而对方狼群则仗势想要夺走别人的猎物。既然如此，一场厮杀在所难免。在双方头狼的命令下，两个狼群厮杀在了一起。顿时，嗥叫声、撕咬声、碰撞声融合在飞溅的雪花中……

毕竟小狼群的力量要小一点，很快就敌不住了，但是头狼似乎还是不想放弃辛辛苦苦捕获的猎物，依然没有下达撤退的命令，直到有一条狼被另外两条狼死死按在地上，小狼群的头狼才准备撤退。可是此时那条被按在地上的狼显然已经奄奄一息了，就在小狼群仓皇逃走的时候，它仅仅走了不到 10 米的距离就倒下了，长长地嗥叫一声之后停止了呼吸。

虽然那条死去的狼并不是自己狼群中的一员，但是它痛苦的表情和凄惨的声音无时无刻不在白背狼的脑子中回旋，也在时刻提醒自己，一旦遇到这种情况，应该好好掂量一下自己的实力，不要盲目去争斗，从而给狼群带来不必要的伤害。

这个启发对现代企业来说也是非常有用的。在"多元化发展"口号带动下的今天，很多企业领导人很容易昏了头脑，不知道自己的企业到底有多少实力，只要是自己认为好的项目，就无限制地投资，根本不考虑这个项目是否适合自己、是否能够为自己创收。

国内很多企业就曾经犯过这样的错误。比如巨人集团，在完全没有实力保障的情况下，贸然上马所谓的"巨人项目"，最终不仅因为资金缺乏而没有完成这个项目，好好的一个集团也在瞬间崩塌，留给世人一个笑柄。

任何一个企业，向前发展是没有错的，但这并不意味着发展就得迈过大的步子，以至于自己都站不稳，最终只能倒下。企业领导者在制订企业战略的时候，一定要充分考虑以下几个要素：

1. 自身的能力

做任何一个项目，无论这个项目有多好、利润多高，企业在开展项目之初都应该考虑到自身的能力是不是能够承受。俗话说"没有金刚钻，不揽瓷器活"，超出能力的执行不仅会出现各种各样意想不到的问题，即便有了结果，也不一定是自己最初设想的。

2. 市场的走向

一个项目到底是否适合自己的企业去做，需要领导者考虑好一个问题：即未来的市场走向是什么样的。市场走向对项目的影响非常大，它可以让一个原本热门的项目变得非常冷门、无人问津，而上马这些项目的企业就不得不"断臂逃生"，这种损失对于任何一个企业来说，都是致命的。

3. 项目的生命力

当然，领导者在执行企业战略的时候，还要考虑一个项目的生命力，从而知道自己下一步是追加投资还是全身而退。什么是项目的生命力呢？其实就是这个项目还能持续多久，换句话说，就是这个项目是"朝阳项目"还是"夕阳项目"。只要搞清楚了这个问题，那么在企业未来方向上的选择就不会太难了。

4. 利润率

选择项目，有一点是非常重要的，就是利润，这是企业的最终目的。在考虑一个项目的时候，一定要考虑清楚一个问题：投资这么多资金下去，能回报多少利润，利润回收时间是多长。时间的长短将会影响一个企业的正常运行，时间过长，将会出现"入不敷出"的情况，拖垮企业的原先项目。

5. 外力因素

做任何一个项目，都不可能是一帆风顺的，这是毫无疑问的。只是领导者在制订企业战略的时候，要考虑这个项目会受到哪些外力因素的影响，这些外力因素是不是自己能够排除。如果不能，那么这样的项目最好就不要接手，否则就是一个烫手的山芋，会让企业进退两难。

6. 失败的后果

虽然我们都希望每一个项目都成功，但是失败的情况也是有的，领导者在制订战略的时候也要考虑在内。万一这个项目失败了，企业会受到多大的损害，这些损害是不是能够快速弥补、恢复？如果这些损害对企业来说是致命的，那么这样的项目最好也不要上，除非你有100%的希望能赢！

总之，在制订企业战略的时候，一定要搞清楚企业的整体实力、项目的可行度，千万不要做超出自身能力的事情。

【狼性管理说】

企业的战略管理就是为企业寻找前途和方向，关乎企业的生死。领导者在制订战略的时候一定要充分考虑各个方面的原因，最为重要的就是要知道企业处在一个什么样的水平线上，不要主观地扩大企业的实力，这样对企业反而不利，甚至还有可能害了企业。

战略是狼群生存的关键

在这里
实力决定一切
选择一个好的方向
可以提高狼群的实力
而选择一个错误的方向
则很可能毁了狼群
对于头狼来说
这一点至关重要
……

——【狼性宣言】

因为地理位置和天气的原因，西伯利亚的气候总是多变，虽然没有热带雨林的多雨和潮湿，但是在这里，必须要随时准备经受风雪的考验。风雪和狼群的生存、发展有着极深的关系：

　　天气的变化必先导致猎物的迁徙，而猎物的迁徙则会导致狼群生存状况的改变，也将影响狼群的生存和发展。一条好的头狼总是在天气发生变化的第一时间，制订正确的方案，为狼群的生存找对方向。在西伯利亚的这些狼群中间，白背狼算是一条比较优秀的头狼了，它的优秀不仅仅在于它本身就是一个猎杀好手，还在于每次出现一些意外情况的时候，它总是能做出一系列正确的抉择，"大战西伯利亚熊"就是其中比较典型的一次。

　　在西伯利亚地区，熊和狼同样是食物链最上端的终结者，即熊和狼都以猎杀其他动物为主。这种特殊的关系就决定了狼和熊之间存在着竞争关系，并因此会产生一些冲突。虽然西伯利亚的熊数目不多，但是对于狼群来说，始终是一个巨大的危险，毕竟熊体型要比狼的体型大，并且还善于爬树、游泳，可谓"既能上天，又能入水"。对此，狼群可能毫无办法。可是，狼群要想安全地生存下去，就必须把熊赶离自己的领地，否则狼群所捕获的猎物很有可能落入熊的嘴巴。要知道，熊的智商并不低，经常会做出一些"不劳而获"的事情出来。

　　在白背狼的领地里，就曾经出现过一头年轻的公灰熊，体格十分强健，并且非常凶猛，特别是看到狼群捕获猎物之后，更是直愣愣地对着猎物冲过来，埋头就吃，根本不把狼群放在眼里。

　　刚开始几次，白背狼都忍了，因为它知道，自己的狼群斗不过这头灰熊。可是也不能任由这头灰熊胡作非为。一次在灰熊"故伎重演"的时候，白背狼横下一小心：豁出去了，反正免不了一战，晚战不如早战。

　　就在灰熊大快朵颐的时候，白背狼发出了攻击的指令。很快，七条愤怒的狼扑向了这头年轻的公熊，咬腿的咬腿、咬身体的咬身体，每一条狼都忘记了自己的安危，它们的目标只有一个：包围自己的猎物。

　　正在进食的公熊没有意识到平日对自己"毕恭毕敬"的狼群还会来这么一手，很快就有点慌了，甚至忘记了反击，它首先想到了到树上躲避攻击，可周围连一颗小树都没有。最后它想到了逃跑，可是在雪地上，它也跑不过狼群，更何况是七条狼。最终，它放弃了"不劳而获"的猎物，仓皇逃窜。这一次，它为自己的行为付出了惨重的代价。当然，它也记住了身上的疼痛，最终离开了白背狼的领地。

从此，白背狼在自己的领地上有了绝对的控制权，这对狼群的发展来说，无疑是非常有利的。这一次的抉择，对狼群来说是生存的关键。

思考定位离不开战略目标。正确的战略目标决定了正确的定位。如果一个战略不从目标开始，却直接地追求目标，则很快会被引向有损战略的行动。

战略对于一个企业的成功是毋庸置疑的，好的战略是企业获得成功的先决条件。不同的企业有着不同的战略选择，只有将企业目标和战略很好地契合在一起，并切实地去推行实施的企业，才能从根本上促进企业的成长。

早在 TCL 公司发展之初，公司决策者就选择了相对稳健的策略联盟，其联盟的伙伴就是香港长城公司。

设在惠州的香港长城公司是一个彩电生产基地，成立于 1990 年。该公司没有内销的指标，只是按境外来料加工的订单进行生产，到 1993 年其生产能力已达到年产 80 万台。由于没有品牌，公司在销售上陷入了被动局面。1993 年，当国内彩电生产进入超饱和状态时，长城公司的订单已经少到难以维持的程度。长城公司和 TCL 公司的合作对于双方都十分必要。1993 年，两家公司与陕西咸阳彩虹集团共同成立了"惠州彩虹电子有限公司"，由 TCL、长城和咸阳彩虹集团三家合资，各占相同的股权。之所以邀请彩虹集团加入，因为咸阳彩虹的优势是有一张彩电生产许可证；而无论是 TCL 还是香港长城，都没有内销的资格，咸阳彩虹的加入使这一策略联盟更为典型。

1993 年，中国彩电业实际已陷入到生产远远大于需求的困境之中，各地盲目上马的彩电生产项目在日益激烈的竞争中已倒闭了 100 多家，国家已不再上新的生产项目。为什么 TCL 公司敢在此时将大量资金投入在彩电上呢？

"彩电业并不是有丰厚利润的行业"，高孝先说，"但它对 TCL 公司是合适的。"当时 TCL 公司对彩电市场的判断是：虽然国内许多生产厂家在走下坡路，但国内大屏幕彩电要卖到一万三四千元，销售情况却不佳，原因是产品的功能及相应的价格脱离了国内消费能力。

在与香港长城的合作中，TCL 除对产品品质的关键环节有所监控外，一心致力于"TCL 王牌"的品牌推广和市场销售，而生产环节基本上是由富于生产管理经验的香港长城公司负责，这种分工极有利于双方在联盟中发挥各自优势。

在生产大屏幕彩电之前，曾有一家韩国公司要求和 TCL 合作生产彩电，做韩国企业的品牌，由 TCL 来负责销售。虽然这种方式对 TCL 来说风险较小，但 TCL 还是决定放弃，以全力做好自己的品牌。

正是通过产品定位，掌握品牌，以品牌为龙头的策略联盟，才使得 TCL 集团的运营富有成效。

企业究竟该如何制定战略，取决与企业的优势和竞争对手的劣势。

1. 分析环境

企业面临的环境是其管理行动的主要制约因素，对环境的分析是战略规划步骤的关键要素。因为企业的环境在很大程度上决定了领导者可能的战略选择，成功的战略必然是与环境相适应的。

每一个企业的领导者都必须分析它所处的环境，必须了解市场竞争的焦点和拟议中的法律、法规对企业可能造成的影响，以及企业所在地的劳动供给状况等。最重要的是要准确把握环境的变化和发展趋势及其对企业可能产生的影响。

2. 分析企业资源

企业的员工拥有怎样的技巧和能力？企业的现金状况怎样？在开发新产品方面，企业是不是一直都很成功？公众对企业及其产品或服务的质量有什么反映？

企业资源分析促使领导者认识到，无论多么强大的企业，都会在资源和技能方面受到某些限制。例如，一家较小的汽车制造商，就不能仅因为看到了微型客车市场的机会而贸然制造微型汽车，因为它没有足够的资源保证自己能够成功地进入微型客车市场，与克莱斯勒、福特、丰田等大的汽车公司竞争。

3. 识别优势和劣势

只有对组织的优势和劣势有一个明确的认识，企业领导者才能够识别企业与众不同的能力在哪里，也就是可以作为组织的竞争武器的独特技能和资源是什么。分析企业优势和劣势的关键，是理解企业文化和力量，以及它们赋予领导者的责任。领导者更应该认识到，文化的强弱以及文化的内容都对竞争战略起着相当大的影响。

【狼性管理说】

一个好的战略，能让一个濒临倒闭的企业走上健康发展的道路；而一个脱离现实的战略则会让一个发展良好的企业陷入濒临倒闭的绝境。对企业领导者来说，最需要做的就是根据市场的形势、企业的状况制订适合自身的企业战略，只有这样，企业才能获得生存和发展。

审时度势，适时调整部署

猎物并不是一动不动的
就如狼群随时要移动一样
任何东西
只有随时准备移动
才不会遭到淘汰
……

——【狼性宣言】

白背狼群之所以能在西伯利亚地区生活得很好，除了它们在捕猎的时候善于利用自己的智慧之外，还有一点非常重要：善于根据捕猎时的情况，审时度势，适时调整部署，从而更好地捕获猎物。

为此，科研者还总结出了猎杀时白背狼会根据情况做出的部署改变。比如，猎物四下逃窜分散时，白背狼会要求狼群把目标放在离自己最近的那个猎物上；如果遇到猎物抵抗，就会对抵抗的那只进行"群起而攻之"；如果遇到狼群中有受伤的情况，就会缩小包围圈，以保证有所收获……也正因为如此，白背狼群在猎杀的时候总是能满载而归。

这就是审时度势对狼群的影响，既能保证狼群的劳动不会白费，又能促进狼群的生存。从这个角度来看，审时度势也是一种战略。

战略对于任何一个组织来说都是至关重要的。制定一个适合本组织长远发展的战略，是组织获得成功的最根本保证。然而战略也不是一成不变的，所有战略的制定，都要为组织的发展领航，要知道，有时为了绕过激流险滩，顺利到达彼岸，就必须改变航向，也就是说，当一个组织所处的环境发生变化时，组织的战略也必须做出相应的调整，只有当战略部署和发展目标保持高度一致，才能够走得更远、更好。

对企业来说，战略不是一种抱负和目标，而应该是方法，是实现竞争优势、独树一帜的方法。战略不是行动，而是企业的定位，是使企业有特色、有优势，并能够采取行动的步骤。在联想集团的发展过程中，中科院领导曾提出"冲击一下国际市场"的经营战略。以柳传志为首的决策层对此进行了周密的分析。论技术、资金、人才，联想当时还属于小公司，如果正面冲击国际市场，来个"硬碰硬"肯定要碰一鼻子灰。但柳传志经过仔细斟酌，最终推出了三大战略，即"瞎子背瘸子"、"田忌赛马"、"茅台酒卖二锅头价"。结果证明，这三大战略成了联想集团的三张经营"王牌"，使得联想在国际市场上初露锋芒。

1. "瞎子背瘸子"

"瞎子背瘸子"是"优势互补"的形象说法。有这样一个故事，一个瞎子和一个瘸子与一群正常人赶路，两人都走得很慢，无法追上前面的人。后来瞎子想出一个主意：自己背着瘸子走，让瘸子来指路。这样一来，两人很快赶上了前面的人。

如果把当时的联想比作瞎子的话，那么它就需要一个瘸子来帮助自己进入国际"考场"。当时，联想打算在香港发展，但缺乏经验。于是找到香港导远公司、中国技术转让公司，提出三家合资创办一家公司。三家公司各有所长：导远公司缺资金和技术，但对香港和欧美市场非常熟悉，长期从事海外贸易，经验丰富；中国技术转让公司能够提供可靠的法律支持，同时能为获得贷款提供担保；联想缺乏资金和进行海外贸易的经验，但技术力量雄厚，高层次人才充足。三家公司进行"优势互补"，联想借新公司冲击国际市场，这是联想的第一个策略。

2. "田忌赛马"

田忌赛马的故事众所周知，及用下等马对上等马，用中等马对下等马，用上等马对中等马，这样一来，结果就能三局两胜。联想把这一策略运用到了产品开发上。

联想集团做出向国际市场进军的决定后，先对国际电脑市场进行了认真的考察。结果发现，美国在对电脑的"心脏"——CPU 的开发与生产上占据绝对优势，在这个领域联想根本无力与之竞争；日本已在软件与配套设施上占尽先机；而中国台湾地区与韩国则在整机生产上略高一筹。通过进一步考察，联想集团发现中国台湾地区与韩国由于人才与技术力量限制，在生产整机上侧重于整体结构设计，对整机的重要零部件——板卡的设计投入的力量很少。联想为什么不能从这方面打开局面呢？于是，联想采取了"田忌赛马"的策略：将联想最优秀的人才集中到板卡的研制上，用联想的"上等马"与中国台湾地区和韩国的"中等马"进行一番较量。

联想集团最优秀的科研人才设计出的板卡，在性能上远远超过了中

国台湾地区与韩国的产品，很快受到国际市场买家的欢迎，39个国家和地区争相向联想定货，订单如雪片般飞来，联想的板卡很快占据了国际板卡市场10%的份额。联想向海外进军的战略初步实现了。

3. "茅台酒卖二锅头价"

茅台酒卖二锅头价属于产品销售策略。板卡的胜利是柳传志预料中的事情，但联想的"野心"不止于此；联想的最终目标，是整机生产。联想板卡虽然占据了国际市场10%的市场份额，但相比之下，利润仍然很小。

除了企业利润的诱惑外，强烈的民族自尊心也是联想集团决定以整机向国际市场进军的重要原因之一。当时，欧美计算机展览会上几乎没有中国产品——一个计算机设计水平接近世界前列的大国，自己的产品却在国际市场上毫无地位，联想集团总裁柳传志的民族自尊心受到了强烈的打击。

经过一番认真琢磨，联想集团终于找到了对策，那就是集中联想最优秀的科研力量攻关，力争在质量上超过国外同类产品；同时利用国内劳动力较廉价的优势，决定与国外同行打一场"价格战"。这一战略，柳传志为它起了一个很形象的名字，"以茅台酒质量卖二锅头的价钱"。

不出所料，1989年3月，德国汉诺威国际博览会传来捷报：联想286电脑以其优异的性能和低廉的价格赢得了各国客商的青睐。

联想进军国际市场的成功，归根到底是其战略上的成功。战略应该是企业的竞争优势，要懂得在产业中如何定位才能取得竞争优势，才能持续发展。那么，企业应当如何审时度势，规划和调整好企业的战略部署呢？简单地说就是三句话：想干什么？我有什么能力（核心竞争力）？还缺什么能力？

到哪里去进行竞争？我们将要到哪一个或哪些市场上去进行竞争？这就是我们想做什么。例如要发展房地产，是在北京还是在上海发展房地产？是发展公共建筑还是做民宅？是做高档住宅还是做普通民宅？企业想干什么，完全是一个战略选择，需要在产业、地域、产品结构和价值链环节的基础上进行战略选择。

如何进行竞争？我们将在何种标准或差异性特征上去进行竞争？是成本、质量还是产品或服务的提供过程？如何竞争，就是要搞清楚自己凭借什么与对手展开竞争。

我们依靠什么进行竞争？哪些资源使我们能够赢得竞争？我们如何获取、开发及利用这些资源去进行竞争？这就要求我们必须考虑企业有什么能力和缺什么能力，企业是否有能力做到低成本，做到差异化。

总之，只有在分析具体企业环境（包括宏观环境和行业背景）和企业内部资源拥有状况及利用能力的基础上制定出的战略，才是切实可行的。另一方面，战略的制定也非文字游戏或简单模仿，战略必须与众不同，以此区别于其他企业，并为企业员工注入凝聚力、向心力、自尊心和自豪感。这意味着企业必须仔细选择一组不同的经营活动来传达一套独特的、与企业战略相配套的公司理念和价值观念，形成企业难以被模仿的核心竞争力。没有战略，或者战略不能很好地体现公司的经营行为，轻则造成企业平庸的业绩表现，重则可能把企业拖向破产的泥沼。

【狼性管理说】

市场随时在变，竞争对手也随时在变，我们只有不断地进行变化，才能适应这种变化。在现代社会，想"以不变应万变"来获取胜利是很难的。毕竟这种"变"是一种往前发展的变化，而不是原地打转的变。

狼群合作，实现"双赢"

狼

为了生存

往往会不择手段

在凶残、血腥的背后

也有一颗聪明的心

两个"鹬蚌相争"的狼群

很有可能成为一个协同作战的"兄弟连"

……

——【狼性宣言】

在白背狼群的发展历史上，有一件事情不得不提：白背狼成功地"兼并"了另外一个小狼群，将对方狼群中包括头狼在内的四条狼全部接收了过来。这也就意味着从那一天开始，白背狼群就成为了具有十一条成年狼，两条母狼的大狼群。

白背狼为什么要"兼并"对方的狼群，它是如何做到这一点的呢？事情还得从一次"领地之争"说起。

那天，白背狼带着狼群追寻猎物，无意中进入了另外一个狼群的地盘。对方狼群很快意识到自己的领地被入侵了，于是就赶了过来，想要阻止白背狼群。可是当它看到白背狼群是个比自己大的狼群时，就下意识地往回退了退，想要放弃这块领地。但它实在是没有领地可以"割让"了，无奈之下，决定一战。

此时，白背狼明白了对方的"窘境"，便单枪匹马地来到对方狼群的头狼面前，以一副威严的姿态来看着头狼，发出了低吼却又友善的嗥叫。

刚开始科研人员并不知道白背狼要做什么，直到后来，小狼群的头狼匍匐在地上，向白背狼表示效忠之后，人们才明白，白背狼的嗥叫实际上就是在"劝降"。

就这样，两个狼群合并成为一个更大的白背狼群，这对猎物和其他狼群的威慑力就更大了。

俗话说："二虎相争，必有一伤。"除非是确有必要或不得已而为之，否则大可不必挤破脑袋去"争"。花大力气或者是付出惨重代价争得胜利也罢了，如果是争而无功，或者是元气大伤，丢了西瓜捡芝麻，那就太不值当了。与其相争还不如并肩合作，实现"双赢"。

都说同行之间是冤家，彼此间水火不容，殊不知那些能迅速做大做强的企业，善于变"冤家"为"亲家"，通过合作、互惠互利不断发展壮大。万科就是个很好的例子。

万科从一个中型企业向大型企业过渡的时候，董事长王石就清醒地意识到，这个过渡，靠以往的内生型增长已无法支撑，需要并购外延型增长。

"如果规模不是比对方大 10 倍，不要轻言并购。"此言出自王石。但郁亮不这么看。几年前，郁亮在接受媒体采访时表示："只要条件适合，我们不会放弃任何合作。战略合作将是万科下一个 10 年发展的重要手段。"因此，如果说王石时代的万科一直强调领先，郁亮时代的万科则明确显露出"做大"的决心。

彼时，万科与南部地产的合作协议墨迹未干。2007 年 3 月，郁亮在万科总部再次接受记者访问时，这场中国房地产史上的最大收购刚刚全面结束。万科斥资 40 多亿元、分三个阶段完成了对浙江最大房地产企业南部地产的收购，最终得到了 219 万平方米建筑面积的土地项目和渴望已久的江浙市场。

这场并购始自 2002 年王石在中城联盟中的一句"大家可以合作做事啊"，2005 年由南部董事长重拾话头，最后落实执行的工作落在了郁亮身上。

不难想见，在一个少见并购的公司中，推动这项工作的内部阻力有

多大。"花这么多钱不如自己买地。"这种反对不难理解，一线老总自然更倾向于独立运作，有一个合作者总归是件麻烦事，好在王石与郁亮的态度非常一致。

但是，人算不如天算。2005 年 3 月对南部的第一轮收购结束 5 天后，《国八条》不期而至。宏观调控之下，上海、杭州等原本热得烫手的区域骤然遇冷。

"是不是错误，不能一时一地的看，要从未来的角度去想。"郁亮这样说服同事，王石也在关键时刻站在了郁亮的身边。

对南部的收购在当年就收到成效。2005 年，原南部项目对万科的销售汇款超过 11 亿元。长三角区域占主营收入比例达 32%，超过万科的大本营珠三角（占 27%）。

2006 年 3 月，万科又以近 4 亿元的价格买下北京朝阳区房地产开发公司 60% 的股份。

2006 年，除南部的二期收购之外，万科并购地产公司 13 家，超过 62% 的新项目依靠合作方式获得，刷新 2005 年 48% 的历史最高。截至 2007 年 3 月，10.05 亿元拿下富春有限公司股权之后，万科通过并购合作的方式已经花掉近 70 亿元，获得的是近 700 万平方米的土地项目。

2006 年 3 月，万科通过年报向外界正式表达了万科的发展策略将由"谨慎进取"变为"快速扩张"。通过并购、受让或转让股权和项目，以低于市场的价格获得土地储备，输出管理方式。在这一过程中，可以说，万科流畅地完成了由传统自身内涵发展经营模式向外延增长方式的转变。

同行竞争不一定非要做相互攻击的"敌人"，大家坐到一起心平气和地阐明立场、谈谈合作未尝不是好事。传统的企业竞争方式是不惜血本，让竞争对手失败，甚至消失，但通过友好合作，企业可以从传统的"你死我活，势不两立"的圈子中跳出来，实现从"双输"到"双赢"的飞跃。

【狼性管理说】

美国企业界有一句名言："如果你不能战胜对手就加入到他们中间。"企业为了生存和发展，不仅要展开必要的正面竞争，还要从防御的角度同其他企业合作。为竞争而合作，靠合作来竞争，都是为了增强企业的竞争力。

团结协作使狼群更强大

如果说 1 条狼的力量是 1

那么 10 条狼的力量则远远超过 10

这就是团结协作的力量

也是狼之所以需要狼群的原因

……

——【狼性宣言】

白背狼自从"兼并"了另外一个狼群之后，整体实力有了大幅度地提升，当然，它们对于猎物的需求也越来越大了。白背狼把猎物的目标盯在了体型更大的角羚上，只要捕获其中一头角羚，那么整个狼群就能维持两到三天。

当然，这在以前，是白背狼群不敢想象的。

这是两个狼群重组之后的第一次猎杀，虽然团队之间的配合还有点不默契，但是力量的整合已经显露了出来。一头角羚在狼群的围追堵截之下，很快倒下了，成了狼群的美餐。

一个成功的组织首先要有团结协作的意识。团结协作是团队精神的源泉，没有良好的团结协作意识，组织就很难营造出核心竞争力和长期竞争优势。如果每一个成员都各自为战，而不关心也不配合其他同事的

工作，必定导致相互推诿和工作效率低下；如果没有强大的协作精神做后盾，就会导致部门之间壁垒森严，"部门保护主义"盛行，组织工作也无法展开。

华硕的崛起正是对名言"团结协作"最精彩的写照。

1989年春节刚过，童子贤、徐世昌、谢伟琦、廖敏雄四个人忐忑不安地走进宏碁董事长施振荣的办公室，来向老板辞职。他们都是宏碁的资深工程师，这一次他们决定出去集体创业。闻知实情后施振荣心里难免有些失落，但他没有开口挽留，因为他知道留也留不住。

童子贤四人为什么要单独创业，专做电脑主板的研发生意？这同当时台湾IT产业的态势有什么关系？

原来在1985年前后，英特尔推出了386微处理器，而微软最初的windows产品也开始销售，两者一结合，革命性地改变了电脑操作的便捷性，办公电脑的需求随之井喷式增长，全球IT产业进入了轰轰烈烈的大转折时期。一直向全球供应零配件的台湾厂商，面对成倍涌来的、利润达到100%的订单，忙得汗流浃背，不亦乐乎。

于是为主板厂做技术服务的华硕应运而生。

公司成立了，童子贤等四人一头扎进了实验室，硬是鼓捣出了一块市场上还没有的486主板，令他们欣喜若狂的是，这块主板能与Intel 486处理器兼容。此前，全球只有IBM能与英特尔的技术同步。

业界惊叹之时，四人已决定自己建厂生产华硕品牌的主板，从此，电脑主板作为一个独立的产业在台湾诞生了，并促使台湾主板最终占据了全球几乎100%的市场份额。

然而工程师出身的四位创始人对市场毫无经验可言，究竟该如何为销售方向定位？四个人深感困扰。于是他们想到了宏碁的上司施崇棠，他们辞职时曾力邀施崇棠一道出走创业，但时值宏碁内部危机，身为宏碁创始人和技术核心的施崇棠此时离开不太合适。由于这四位爱将当时积蓄较少，施崇棠特别提供了600万台币的资金给予鼓励支持。

1994年初，年届42岁的施崇棠终于辞去宏碁个人计算机事业部总经理之职，出任华硕的董事长兼总经理。

从此，华硕进入了一个崭新的时代。

之后十来年时间，施崇棠让华硕迅速成长了 200 多倍，牢牢坐上了主板世界的霸主地位，并有多个项目名列世界第一，笔记本电脑世界第四，一举跻身世界 500 强。

施崇棠说："要生存得好，就要做到最犀利最尖锐。如何能做到这一点？靠团队，靠团队的所有成员的事业的狂热追求。"

一来到华硕，这个著名的"技术狂人"就对企业的经营思路进行了全面调整，并对华硕的团队成员进行激励。他问大家："世界第一高峰是珠穆朗玛峰，第二高峰是哪一个？"众人不知，施崇棠说，问题里面暗含的意思是，华硕要为天下人知，而不被芸芸品牌所淹没，唯有"世界第一"这一条路可走。

争取世界第一，不但要重视短期利益，更要学会"下长棋，比气长"，要比所有对手考虑得更长远，更能坚持，企业素质需要全面提高，在坚持"崇本务实"的工程师文化的同时实行"精兵主义"，一边广蓄业内精英，一边从高校大量收进优秀毕业生。施崇棠说："企业组织中人才绝对不可偏废，有如棋局中将、士、象、车、马、炮、卒都要到位，而且要摆到正确的位置。"他年复一年亲自上讲台，对团队成员进行专业原理和业务素质的"魔鬼训练"……

华硕就这样朝着理想不断强健体魄，一举击溃英特尔的主板霸主梦之后，又战胜美国万科公司，成为世界第一；而 2008 年在上海南汇的 IT 生产基地竣工之时，华硕再一次接近自己的梦想——年营业收入达到 2000 亿元人民币。

华硕究竟是靠什么取胜的呢？就是团队精神。华硕的团队精神体现在"争"与"不争"上面。所谓"争"，就是体现在骨子里面的"无止境追求世界第一"。华硕团队对技术狂热痴迷，每到外地见到新奇的电子产品，总要买回来拆解研究，正是这样的执著，才使华硕形成技术世界一流、产品开发速度快而品质高、市场定位准确而坚定、团队执行力具有军队作风的企业。另一种是"不争"，体现为做人做事的谨慎稳健及温

和随性。施崇棠崇本务实，他将经营企业视为"修行"，时刻为他人着想，始终温和而坚定，带兵带心。

华硕的团队精神，体现在施崇棠影响下的这群人，在争与不争之间达成的平衡。

什么是团队精神呢？简单来说就是大局意识、协作精神和服务精神的集中体现。团队精神的基础是尊重个人的兴趣和成就，核心是协同合作，最高境界是全体成员的向心力、凝聚力，反映的是个体利益和整体利益的统一，进而保证组织的高效率运转。

团队精神的形成并不要求团队成员牺牲自我，相反，挥洒个性、表现特长保证了成员共同完成任务目标，而明确的协作意愿和协作方式则产生了真正的内心动力。团队精神是组织文化的一部分，良好的管理可以通过合适的组织形态将每个人安排至合适的岗位，充分发挥集体的潜能。如果没有正确的管理文化，没有良好的从业心态和奉献精神，就不会有团队精神。

许多企业管理者认为，将企业改组为团队的过程简单而又轻松。他们分发了一些文件召集员工开会，向员工简单地说明团队协作是如何重要以及为何如此重要，然后在公司的组织配置方面随意做一些调整，并对员工进行培训。可是他们有没有想过，事情真的就如此简单吗？刚好相反，以团队人才为本建设企业文化，才是一个优秀企业建立高效能团队的重要元素。

1. 团结协作、优势互补

如何协调个人成长与团队成长的关系，使它们能够相互作用、共同发展是一个值得讨论的话题。拥护团队合作却不承担团队协作的责任，只能被认为是表里不一。假如一个领导者不断地谈论团队却在管理上独断专行，那么独断专行的管理会被认为是其通常的工作作风。如果这位领导者奖励了有悖于团队协作精神的行为，那么，不管这位领导者如何强调团队协作的工作作风，那些被奖励的行为都会被效仿。所以说，团队协作模式对个人的素质有较高的要求，成员除了应具备优秀的专业知识以外，还应该有优秀的团队合作能力，这种合作能力，有时甚至比专业知识更加重要。

2. 尽职尽责，充分奉献

一个好的团队，必然会有好的成员。一个好的成员要在工作上尽职尽责，在处理各种事务上充分发挥主观能动性。他们的付出充分体现了一种奉献精神，他们是在为体现自我价值而工作。团队成员的尽职尽责，体现了团队的向心力，使每个团队成员都心甘情愿地在公司里为实现自己的理想、成就自己的事业而奋斗。

3. 团队成员的忠诚

每一个企业都必须确定忠诚这个核心，每一个员工都必须忠于自己的企业，这是企业继续发展和壮大的根本保证。拿破仑曾经说过："没有忠诚的士兵，没有资格当士兵。" 麦克阿瑟是第二次世界大战时的美国著名将领，他认为"士兵必须忠诚于统帅，这是义务"。确定员工的忠诚，是整个企业实现战略规划的关键因素。忠诚虽然只是一种道德要求，但却是核心的价值要求，一个企业一旦形成了忠诚的企业文化，必然会产生巨大的合力，这样的企业就会无坚不摧，一往无前。

就一个企业而言，员工必须忠诚于所在的企业，必须拥护他的老板，这是确保整个企业正常运行、稳步发展的重要条件。试想，在一个企业里，员工朝秦暮楚、三心二意、得过且过，甚至经常顶撞领导，这样的企业必然没有发展前途。

4. 积极向上的品质

一个卓越的团队，其成员都必须明白卓越的内涵包含着积极向上的品质、高尚的道德标准。因为，任何永恒的卓越都离不开积极向上的品质和高尚风格。具有团队精神的人，总是以一种强烈的责任感、充满活力的热情，为了确保完成团队赋予的使命和同事一起努力奋斗、积极进取、创造性地工作。

5. 和谐的人际关系

一个优秀团队的凝聚力和竞争力是不容忽视的，没有哪个企业希望自己的员工是一盘散沙，个个都去单打独斗。那么，一个企业领导者如何使自己领导的团队具备这种凝聚力和竞争力呢？首先必须处理好团队

成员之间的人际关系，如果一个团队没有良好的人际关系，是不可能有人与人之间的真诚合作的，而失去了这种合作关系，企业的发展也会受阻。

【狼性管理说】

要想成就一个卓越的团队组织，领导者必须在团队精神建设方面有好的建树，必须把团队精神的教育与良好人际关系的建立紧密结合起来。只有让团队具备团队精神，才能使每一个成员都心情舒畅、干劲十足、协作性强，从而能够创造出骄人的业绩。

头狼是战略方针的设计师

因为我是头狼

所以必须对整个狼群负责

在狼群的行进方向上进行斟酌

确保狼群的安全

制订正确的战略

我才是合格的

……

——【狼性宣言】

在制订狼群方针策略的时候，白背狼总是表现得非常谨慎和谦虚，不仅会征求狼群中其他狼的意见，还会根据狼群的意见自行斟酌，反复思考。

身为领导者，必须拥有超乎一般的远见卓识。领导的作用应该是在大家束手无策的时候，引导追随者沿着一定的方向前进。

企业领导的远见卓识，不仅在于为追随者指明应该前进的方向，更重要的是，应将追随者引导到他们希望去的地方。也就是说，领导者的领导目标应符合团队价值观，只有价值观相一致，才能顺人意、得人心。

一些领导者在纷繁的管理中迷失了自己。瞬息万变的市场让他们忙于跟随而精疲力竭，没有时间思考，渐渐丢掉了坐标和参照系，甚至忘记自己做某件事、选择某个方向的初衷。他们应该静下心来，体味、感觉、规划和反思，理出比较清晰的脉络。只有在照顾到细节的同时，又能照顾到整体，才能很好地把握全局。

联想的发展壮大，源于其创始人柳传志高瞻远瞩、明察秋毫的战略眼光。他不但站得高，看得远，而且还看得仔细，看得清楚。

1984 年，柳传志带领 10 名中国计算机科技人员，用中科院计算所提供的 20 万元人民币启动资金，抱有将研发成果转化为成功产品的坚定决心，在北京一处租来的传达室中开始创业，公司命名为"联想"。

20 世纪 80 年代，当时中关村最大的公司是四通和四海，联想根本无法与之相提并论。中关村也有无数像联想一样的小企业，这些小企业大都本着做小买卖的理念做生意：他们到深圳买计算机散件，然后到北京组装，抓到市场机会就成交一笔生意。这些小企业通过各种商品倒卖都赚到了钱，但后来却纷纷倒闭。

在过去的 20 多年里，联想也是从这样的原始积累开始的，从给 500 台 IBM 计算机做维修和培训的小业务起家，最终成为我国 PC 产业绝对的领先者。2004 年，联想收购 IBM 全球个人电脑业务；2008 年，联想又成功跻身全球 500 强企业。当奥运圣火燃遍全球的时刻，作为 2008 年奥运顶级赞助商、火炬接力全球合作伙伴、祥云火炬设计单位——联想，其企业品牌在全球范围内大大提升。

然而，联想集团在创业时，却是"整个公司像没头苍蝇一样到处乱撞。柳传志在总结公司运营以来的得失，思索联想未来的发展方向之后，最终决定做电脑产业（联想是中科院计算机所出资开办的公司，做电脑

产业可以充分利用中科院计算机所的资源）。"做电脑"意味着联想在战略上做出了选择和产业部署，这种能力就是战略能力。

做企业需要打造品牌能力、渠道能力、团队能力等，联想从明晰公司发展战略以来，按照企业集团运营发展的规律不断从观念、体制、管理等角度进行积累创新，从而成就了联想集团在全球 PC 企业中的领导地位。

企业家的战略思维模式决定了企业成败。战略性思维涉及三个方面的问题：企业挣钱不挣钱，赢利不赢利？过去的做法管用不管用？企业长久不长久？

一个企业很难或者无法改变大的外部环境，但是，面对外部形势的变化，有危机感的企业则更有敏感与动力去及时调整发展战略，或者更为注重自主创新能力、强调提升管理效率、重视提高产品附加值等。

很多企业只求一时发展和挣钱，不求长远发展，这就是短视的行为，是不能支撑基业常青的。

所有伟大的公司都是"务实的理想主义者"。《基业常青》中写道，"利润是生存的必要条件，而且是达成更重要的目标的手段，但对很多高瞻远瞩的公司而言，利润不是目的，利润就像人体需要的氧气、食物、水和血液一样，这些东西不是生命的目的。但是，没有它们，就没有生命。"利润之上的追求在伟大的公司里，更是被"教派般的文化"灌输。对于我国的企业来说，"利润之上的追求"不明确、不具体，动辄就是空洞的大口号。我国大部分的企业没有意识到战略方针的重要性。战略方针的主要力量之一是引导力，就是用战略思维引领大家去实现预期的目标。战略的引导力随时随地在领导者、组织者和员工身边发生作用，它可以帮助企业成员从内心渴望归宿于一项重要的任务、事业和使命，从而引领企业成长；它可以激发人们克服困难的勇气，建立创造性的工作观，从而走向成功。

对于一个公司或团队的领导者而言，他所制定的计划不仅涉及自己的工作，还在很大程度上决定他人的计划和行动。一项计划是否经过充分考虑，是否周密完全，将直接影响到任务和目标的完成及组织的效率。所以说，作为领导者，必须明确分清哪些是最重要的事情，并在日常的工作中养成聚焦习惯，以使自己在繁杂的日常工作中仍然能够把握住任务和策略的重点。聚焦并不是集中于无关紧要的琐事，而是要学会在高度紧张和繁杂的环境中高效率地工作，将重点放在特别需要关注的、关系重大和影响深远的事情上。这些事情很重要，但往往并不紧急，却为长期计划提供了条件。

【狼性管理说】

领导者的首要任务就是"领"，引领企业走向生存和发展的正确道路。要做到这一点，领导就必须成为一个卓越的"战略设计大师"，为企业制订良好的战略规划，让员工知道自己该做什么、该怎么做。

II 篇 ▼

协调统一，打造所向无敌的狼性组织 》

狼群是一个协调性的组织，无论是头狼的决断还是群狼的执行，都表明狼性组织是现代企业非常需要的一种组织模式。对于企业管理者来说，一定要提高企业的「柔韧度」，做好员工和员工之间、部门和部门之间的协调，这样的企业才能切实提高执行力，获得后续发展。

狼性管理
LANGXING GUANLI

第三章

制度管理——制度关乎狼群的命运

企业制度是企业及其成员共同的行为规范，是企业协调员工的力量，实现企业目标的基本手段。制度作为企业生产经营和实践经验的总结，既体现了企业的价值观、道德规范、经营哲学，也体现了企业管理民主化、科学化程度等方面。

纪律是狼群的生命

弱者的天性使得我们残酷冷血

严格的纪律让我们整齐划一

我们懂得同进、同退

所以我们擅长群体进攻

像铁军一样

几百万年以来

横扫草原、丛林、戈壁

……

——【狼性宣言】

　　狼是群居动物中最有秩序、最有纪律的种群。无论是在什么地方生存，狼群在寻找猎物时，总是一条挨着一条，井然有序地单列行进；即便是分散式搜寻，狼群也始终保持一个队形，而不会四散逃窜。

　　在很多时候，我们可能会因为无辜的动物被狼群咬死吃掉而憎恨它们，可是在狼群身上我们会发现很多动物都不具备的智能，其中很典型的一点就是狼群之间的纪律性，这种纪律性甚至让人类都感到汗颜。

　　无论在什么地方，食草性动物从表面上看都是成群结队在一起的，可是只要它们的周围出现了一条狼，它们就会四散逃开，根本没有纪律可言，即便是具备一定团结协作能力的马群和牛群，在遭到狼群攻击的时候，也会主动逃逸，任凭自己同伴的身体被狼群撕裂。此时，纪律、责任已经消失得无影无踪了。

但狼不会这样，狼群的纪律性会让我们觉得惊讶，在白背狼群中我们就能看到这一点。在白背狼群捕猎的时候，并不是所有的狼都一个劲地往上冲，而是根据头狼的分配做好各自的工作，哪条狼做什么、怎么做都有明确的分工，狼群要做的就是遵守这种纪律，完成自己的工作。比如，最强壮的狼冲在最前面，负责捕杀，其他的狼则从旁协助，其余的在巢穴看护家园。在白背狼的发展历史中，从来没有出现过哪一条狼不遵守纪律的情况。也正因为如此，白背狼在严寒的西伯利亚地区才得以存活。

制度和纪律是一个企业生存和发展的保证，没有了制度和纪律，企业就会成为一盘散沙，各自为战。特别是具备多个部门的企业，如果没有一个合理的制度进行约束，"部门成为小公司"的情况就会很严重，最终乱成一团，没有一个明确的方向，这就是一种内耗的情况。如果这种情况得不到及时的治理，那么企业的整体实力就会受到削减。

国内就有一个非常知名的企业曾经出现过这种情况。这个企业有很多部门：研发部门、销售部门、人力资源部门、市场调查部门、采购部门等，各个部门中还有很多科室，如研发部门下面有硬件科、软件科、检测科、修理科等，按理说这个企业分工如此明确，整体执行力应该很高才对，可事实并非如此。出现这种情况，很大的一个原因就是没有纪律性，主要体现在部门和部门之间的不配合上。

比如研发部门在研发某件产品的时候，需要市场调查部门的调查数据，而市场调查部门则以各种各样的理由推辞，拒绝交付这种数据；再如研发部门需要研发经费，需要财务部门的配合，而财务部门同样以各种各样的理由推辞，拒绝拨款，使得企业的研发进度一再推迟，最终误了最佳的上市时间，给企业带来很大的损失。

发现这个问题之后，企业董事会首先为企业制订了相关的纪律法规，供各个部门执行，对于执行不到位的部门，则更换其中的员工，甚至更换领导层。在"大刀阔斧"的改革之后，企业的生产效率大幅度提高，效益也得到了绝对的保障。

　　由此可见，制度是任何一个社会组织正常运转必不可少的因素之一，它是组织为了达到特定的目的所制定的行为规范，具有权威性、强制性、稳定性、群众性等特点，是一种人为制定的程序化、标准化的行为模式和运行方式。它规定哪些行为应该受到肯定和赞扬，哪些行为应被禁止和批评，带有鲜明的强制性，正是这种强制性，才保证了企业的正常运转。

【狼性管理说】

　　重视制度建设是管理者早有的共识。任何一个领导者都不愿看到办公场所杂乱的物品，也不愿在工作时间里看到员工闲散的身影，更不愿看到员工违反操作而造成的混乱局面。总之，只有完善制度管理，才能让一切都和谐有序地运转。

合理指挥，引导"服从"

服从

是狼的天职

听从头狼的安排

完成自己的角色

是狼的本性

头狼的嗥叫

就是我们的号角

就是我们前进的方向

……

——【狼性宣言】

狼群的纪律性还表现在狼群对于头狼命令的"绝对服从"。在狼群中，头狼有着绝对的权威，任何一条狼，如果不服从头狼，都有可能被驱逐出狼群。因为一条狼本身并没有多少的实力，只有群体合作，才能捕获猎物。如果有任何一条狼不服从头狼的命令，那么将会有更多的狼"效仿"，狼群就会解散，也就毫无战斗力可言了。

也正因为如此，在狼群中，头狼把群狼能否听从自己的命令看的比"是否有能力"还要重。即便其中的一条狼能力再好，如果不能听从头狼的命令，头狼也会选择舍弃。对于头狼来说，这是最不能容忍的事情。

要想管理好一个小小的狼群就需要绝对的服从，更何况要管理好一个企业呢？所以，在"亲情式"管理越来越被重视的今天，管理者的权威也被日益看重。

世界连锁饭店业巨头希尔顿曾经指出，管理应尊重权威。酒店如同一条行驶中的航船，掌舵的船长对于所有船员和乘客无疑就是一个绝对的权威，总经理负责的酒店管理也不过如此。酒店的经营效益、社会效益在极大程度上取决于总经理对董事会决策的执行水平。如果政令不畅，落实受阻，再英明的总经理决策最终也无法转化为实际的经济效益和社会效益。因此，酒店管理者必须重申总经理的权威，尊重这种权威，承认这种权威的公益性，并培养员工对这种权威的服从意识，绝不能简单地、牵强附会地把它与"独断"联系起来。

具有现代管理观念的酒店总经理，往往在执行董事会决策的重大问题时，都能知人善用、集思广益。各级部门领导为总经理出谋划策，提供建议、咨询，是对总经理工作支持的一个方面，另一方面则体现为：一旦总经理对某一重大问题做出决定，各级部门都必须无条件地放弃自己的不同意见，坚决地、不折不扣地执行总经理的指令，这是在酒店管理工作中实行准军事化管理的关键。参照军队的体例，在酒店管理中必须实行"垂直领导"的原则，即员工对其直接主管负责，主管对部门经理负责，部门经理对分管的副总经理负责，副总经理对总经理负责。在岗员工对自己的直接上级不能说"不"，对交办的工作任务不能有丝毫的

折扣。在这里必须强调指出，总经理并非是高高在上的"太上皇"，而是酒店及全体员工利益的总代表，他所决策的一切必须对整个企业的命运负责，对员工的切身利益负责，对客户负责，对董事会负责，这也是"准军事化"管理这一概念的基本要义和真谛。这样的管理机制便于指令畅通无阻，落实迅速，酒店上下团结一致，使得问题有人管，事事有人抓，从而可以有效地避免工作拖沓，推诿责任，行动迟缓，互相扯皮，混水摸鱼，投机取巧等一切有害于企业发展的弊端。这种垂直领导的上下级关系在运作上都服从于企业的整体部署，因而是统一协调的。各岗位的人员如同一部机器上的齿轮和螺丝钉，为同一目标发挥着各自的作用和功能。

有人指出，希尔顿强调领导者的权威性以及下属人员的服从观念，不会导致酒店的家长制作风，原因主要有三个。首先我们所说的服从是指在执行指令工作过程中的服从，以及工作调度上的服从；其次，任何员工如果以关心企业命运为出发点，随时都可以向领导提出个人建设性的建议，对酒店发展有价值的个人意见或建议，最终都会受到领导的重视和采纳；再次，酒店定期的领导接待日是对这种垂直关系机制的一种补充，这一天，任何一名普通员工都有权按程序走进领导接待室，畅所欲言，直抒己见。

在特定的条件下，希尔顿式的"独断"管理风格有其必然性和必要性。但是，在通常情况下，需注意不要形成领导者居高临下，执行者俯首听命、机械服从、不置一词的僵硬气氛。可以按照以下几点进行管理：

1. 对员工进行有效指挥

领导可以通过"指令"进行有效指挥。

发出正确有效的指令，其要点是指令明确、相对稳定。只有发出的指令是明确清楚的，才能使下级对同一指令产生相同的理解，员工才会有一致的行动。要使指令明确，在发出指令时就要使用准确的词语，多用数据，减少中性词汇和模糊语。指令应当包括时间、地点、任务要求、协作关系、考核指标和考核方式等内容。指令还应当简明扼要，一目了然。

如果指令变化太多太快，缺乏稳定性，下级就会形成一种采取短期化行为的倾向，以便捞取好处；或者下级根本不信任领导发出的指令，这就会造成管理和控制的困难。因此，在发出指令前要仔细审查指令的可行性，在执行中可能遇到的阻力，以及处理的方式。向下级解释清楚指令的内容和要求执行的原因，以统一全员的认识。如在执行过程中发现指令有不切实际的地方，应因事因时而异，区别情况采取不同的补救措施，立即更正发现的原则性错误。

再正确有效的指令如果得不到落实，就等于没有指令。当然抓落实也不意味着要"一竿子插到底"，使领导陷于琐碎的日常事务之中。抓指令的落实主要是通过定期和不定期的检查来进行，以检查或抽查的结果来判断下级的执行情况，这样下级在执行时就不敢懈怠。

艾柯卡在福特汽车领导和克莱斯勒企业总裁职位上时，采取了"季检查制度"来实行控制。每隔3个月，领导人与直属下级坐下来面谈一次，检查上一季度的成绩及目标完成情况，并订出下季度的目标，彼此同意后，下级就要写出目标，领导在上面签名。艾柯卡认为这种方法虽然简单却很有效。

2. 不要放弃监督的权力

没有被执行的命令是毫无作用的，因此高级领导应当注意让命令有效的方法。命令并不是向员工发布之后就没事了，信任员工当然有必要，但监督也必不可少。要保证工作顺利进行，命令就必须得到认真地贯彻，必须自己亲自去检查工作。

检查一个人的工作，以便督促他能够很好地执行命令，但也不能伤害一个人的感情，这也是一种艺术。监督过度会毁坏一个人的主观能动性，监督不够对执行命令也很不利。监督同时考虑不要引起被监督者不满的最好方法是：随时到工作现场走走、看看。领导者露面对于员工保持紧张的工作状态起着有力的督促作用。

可以用下面的检查单中的项目去检查和监督员工是否在认真执行命令。

·每天要专门拿出一点时间检查工作。

·在你检查工作之前，仔细思考一下你要检查的重点。

·要有选择地检查。

·要多问问题。

·重新检查你曾发现的问题。

切记，一个命令如果缺乏监督和检查，那么和没有这个命令毫无区别。

3. 实现指挥科学性和艺术性的统一

有成效的领导进行指挥时，既不像将统帅率军队打仗那样发号施令，也不像乐队指挥那么严格，有板有眼。他结合了二者的长处，实现了科学性和艺术性的统一。指挥就是通过命令、指示、要求和指导、说服、示范等方式，使组织中的各企业及其成员，积极而协调地实现既定目标的过程。成功的指挥者要学会下达指示，进行授权和委派任务。

领导下达的指示有 10 项要素用来评估执行任务的最终成果：什么问题，什么标准（数量、质量的要求），什么人执行，什么时间执行，什么地点执行，什么方式完成，什么手段完成，什么目的，什么事项必须注意，什么方法考核（由于第一个字都是"什"（Shen），所以可称为"10S 要素"）其中"什么方式完成"指在执行任务中采用的方法、方式、措施，而"什么手段"指所使用的工具、机器、设备和物资及所需经费。

对于管理者来说，要想让员工服从你的命令，下达指示还要做到以下几点：

符合法规、政策；

符合组织目标；

符合职权范围；

符合实际情况；

符合下级正当意愿；

符合明晰、准确的要求。

指挥方式对于指挥的效果有不同的影响，采用说服型的指挥方式，员工会热情接受并取得卓著的业绩，指挥效果最好；一般指示型的指挥方式只会使员工接受工作，取得一般的业绩，指挥效果一般；而简单粗暴型的指挥方式只会导致消极接受，取得的业绩也较差。

【狼性管理说】

员工是不是能服从领导者的领导，不仅仅关系到领导者的面子、权威问题，还关系到企业整体执行力高低的问题。如果在一个企业中，大家都不服从领导的安排，那么这个企业最终只能倒闭，因为没有服从就没有执行力。

用纪律约束端正态度

头狼的号令

让我们的行动整体划一

狼群的力量在瞬间爆发

给猎物以最致命的袭击

这就是力量

它的源泉就是狼群的纪律

和对于头狼的权威的遵从

……

——【狼性宣言】

白背狼群在整个西伯利亚狼群中算是一个比较大的群体，特别是"兼并"了另外一个小狼群之后，实力大增。按照人类的思维，一个企业、团队，并不是人数越多，执行力就越高，因为很多时候，特别在一

些人的实力并没有完全施展开来，出现"号令不从"的情况时，这种执行力更是跌到了低谷。

白背狼群在力量增加了之后，执行力是不是也会下降呢？事实上并非如此，而是获得了成倍的增长。狼群在这方面做得比人类要好很多，其中又有什么秘诀呢？

其实秘诀很简单，那就是纪律。无论是和其他狼群火拼还是和猎物对决，乃至和熊之间的争夺，狼群都能在头狼的统一号令下行动，从没有出现擅自行动的情况，更不会出现违背头狼号令的情况。所以，狼群总是能把全部的力量放在同一件事上，自然而然会产生意想不到的结果。

"态度决定一切"，不管从事何种行业都要明白，保持一个良好的工作态度比什么都重要，尤其是代表高科技的软件开发工作。微软公司董事长比尔·盖茨就非常注意员工的工作态度，为了在工作上及时纠正程序员不良的心理倾向和惰性心理，比尔·盖茨制定出"七项准则"来约束员工的行为：

1. 专心改善产品

任何不能改善产品的工作都是浪费时间或偏离方向的。公司付薪水给程序设计师，就是要求他们在合理的时间内做出精良的软件，而不要把程序设计师的时间浪费在改善产品以外的工作上。比如，一位程序设计师一天到晚开会、学报告、阅读和回复电子邮件；而另一位设计师则专心研究、设计和测试新产品的功能，哪一位能提前完成任务，哪一位工作效率更高，就不言而喻啦！

2. 追求品质完美

不给使用者次品，宁愿延期交货，务必追求品质完美。微软在开发自己的程序时，总是要求工作人员能为潜在的使用者设想，写出一个别人能够使用的程序。

3. 充分利用现有资源

微软要求每个组员都应牢记这个原则：充分利用现有资源或创造新资源，以便从每一项工作中获得更大的价值。程序代码的再利用，就是很好的例子。比尔·盖茨一直鼓励软件各阶层人员都尽量以创造资源的态度去做事，同时希望在公司内部实行资源共享，这样就可以始终保持领先竞争对手的优势。

4. 正视"零错误"

写出"零错误"程序实在是非常困难的，比尔·盖茨允许员工犯错误，但并不表示对错误的纵容，以及停留在错误的水平，他要求员工在错误的基础上总结，最终要达到"零错误"的目标。有经验的程序设计师知道，写出"零错误"程序很困难，但并非不可能，只是需要多下点功夫才能做到。所以，微软要求程序设计师务必审慎再审慎，正视"零错误"，用一切办法侦查和预防错误。

5. 纠正惰性心态

小心那种"太难了"、"太花时间"或是"太麻烦"的反射性反应。当遇到别人有这种反应，请先问自己，他有没有认真思考这件事的重要性，以及是否符合项目目标，如果他实在未经深思熟虑，只是直觉的反应，这就是他懒惰心理采取抵抗态度的一种借口，那就应该请他重新评估，也许就会有公平的答案。如果公司内部这种情况泛滥，就是很严重的问题。在任何时候任何人都不应该有这种工作态度。

6. 克服凡事不能的态度

"凡事不能"的态度本身就是问题，它会阻碍人们创新。因此，微软有一个不成文的规定，所有人都不准说"某件事不可能做到"，他们可以说比较难或比较花时间，但不准说"做不到"。人们之所以会说"不可能做到"，只是由于这件事超出了他们的经验范围，事实上大多数人说这话的时候，他们往往是错的。要推出优良的产品，就要不断创新，要领先竞争对手，就必须首先克服这种消极的工作态度。

7. 避免相互依赖

项目失控最有可能的原因是小组之间工作上的依赖：一方必须依赖另一方把工作做完才能进行自己的工作，而且若是彼此的配合或沟通不

够好，整体工作必然受到不利的影响，依赖愈多，愈容易失控。任何领导者，必须牢记并且实践以下座右铭：尽可能减少项目中小组彼此间的依赖。

没有纪律约束的军队必然是一片散沙，是不会有什么战斗力的。同样，缺乏纪律约束的企业组织，也形不成合力，各自为政的结果必然导致力量的分散，甚至是消亡。

【狼性管理说】

纪律是保证企业正常经营，协调各方面关系，保证团队合作，制约各种消极因素，维护企业健康发展的可靠保证，要把纪律渗透到企业管理中去，变成员工的自觉行为。纪律无疑是一种快速、有效的载体。

铁的纪律造就铁的"狼军"

铁的纪律造就了铁一般的狼群
铁一般的狼群造就了"铁军"
草原、丛林、戈壁
到处都留下厮杀、征战的身影
……

——【狼性宣言】

狼群当中如果没有铁的纪律，也就无所谓"铁"的执行力了，更无所谓铁的"狼军"了。在这方面，人类确实不如狼群做得好——因为只要狼群还忠诚于这条头狼，那么头狼的命令就等于一切，狼群便会不顾一切地去执行。

为什么狼群有这样的纪律性呢？因为在狼群中间，无视头狼的命令将被淘汰、驱逐出狼群，这便意味着死亡。有了这个"尚方宝剑"，头狼就不怕狼群不听号令了。

同样，在一个企业中，纪律是组织制度的具体体现，是现代企业管理体制的重要组成部分；忽视制度建设，对员工违纪违规现象听之任之，久而久之是要吃大亏的。"巨人"的创始人史玉柱在这方面就有过深刻的教训。

1992 年，创业一年即成为百万富翁，三年就成了亿万富豪，如同火箭般上窜的事实，令史玉柱对未来的事业豪气冲天，更激发了他无限进发的创业激情。紧接着，号称"华南第一大厦"的巨人 70 层设计方案出台。不料，1996 年巨人大厦资金告急，史玉柱便抽取保健品方面的全部资金投向巨人大厦，而保健品业务因资金"抽血"过量开始由盛转衰。正在这时，史玉柱正在黄山召开公司会议，突然接到总部的传真，称南方一家媒体将在第二天头版刊登长文：巨人集团已达破产边缘。

危机突如其来地爆发了，《"巨人"史玉柱深陷重围》一文，使他从"华南第一大厦"的宏伟蓝图上重重摔倒在地。随着国内外几百家媒体的"口诛笔伐"，史玉柱和"巨人集团"深陷沼泽——先是一些供货商和巨人大厦业主上门索债，然后是原先正常施工的巨人大厦工地停工，接着，一些欠巨人集团货款的单位停止还款……

而实际上史玉柱所谓的"破产"只不过是被 5000 万元的资金短缺给"噎"住了，巨人集团还有 2 个多亿的良性货款可以用来还债。而当媒体纷纷传出"巨人"破产的消息后，这笔钱竟立时化为泡影。本来生病的"巨人"还能活一段时间甚至复苏，然而仅仅是一个谣言，竟使"巨人"轰然倒地。

1996 年巨人走向溃败的前夜，公司一片混乱，欺上瞒下成风。"都说自己做了多少多少事，结果全是虚报，我被骗得很惨。"史玉柱说。

当年，史玉柱的脑黄金销售额为 5.6 亿元，但烂账却有 3 亿多。资金在各个环节被无情地吞噬，这也是资金链断裂的导火索。

于是，东山再起的史玉柱锻造队伍执行力的第一步，就是从管理好

现金流开始。做脑白金时，总部把货卖给各地的经销商，对大小经销商一视同仁，全部先款后货，但在终端、促销、市场维护等工作上却由史玉柱在各地成立的分公司负责。无论对各地分公司的经理多么信任，史玉柱也坚决不让他们碰货款，货款是经销商与总部之间的事情，"至高无上"，绝不许分公司染指。

在保健品行业，坏账10%可以算是优秀企业，20%也属正常，但在这种模式下，脑白金10年来销售额100多亿元，坏账金额仍然是0。

同时，史玉柱还要求各地的经理对他们承担的责任要"互保"。刚开始做脑白金时，总部规定分公司要每天维护终端，上报各个终端的服务情况，漏报迟报一天罚5000元。有个经理根本就不把总部下发的制度当回事，一个月没报一次，按规定被罚15万元。

可那个经理的工资根本不够扣，史玉柱就接着罚担保人的工资以及担保人的担保人的工资，一直连罚五层，直到罚足15万元。大家终于怕了，再也没有人敢拿公司的制度当儿戏。

为了提高执行力，史玉柱还为脑白金建立了一个50人的纠察队伍，一年四季在外面暗中进行市场纠察，一旦发现分公司弄虚作假或隐瞒问题，就会对分公司进行处罚。除了这支总部的纠察队伍，省级分公司也有纠察队查市级市场，市级纠察队又查县级市场。

史玉柱强调制度、纪律，这是他从惨败中，花了几个亿的代价买来的。这10年来，史玉柱如履薄冰，小心翼翼，卖脑白金，投资银行股，进军网络游戏，在一片废墟上，转眼敛聚了超过500亿元的财富。

【狼性管理说】

军人以服从命令为天职，所以军队的执行力总是很高。一个企业，要想提高执行力，在现代商场上生存，就必须有铁的纪律和遵守纪律的员工。对企业中"有能力没纪律"的员工一定要剔除，否则将会给企业带来无法想象的损失。

狼群的制度和处罚

> 纪律是狼群的
>
> 任何一条狼都要遵守
>
> 无论是头狼还是母狼
>
> 只要你身在狼群
>
> 那么一切都对你起效
>
> ……
>
> ——【狼性宣言】

在狼群中，如果不遵守头狼的命令，就会受到头狼的惩罚。根据科研人员的研究，头狼对不服从命令的狼的惩罚可以分为以下几种：

第一，撕咬。即头狼撕咬犯错的狼。这种撕咬的惩罚是最轻的，当然，也是对待那些偶尔不听从命令或者执行不到位的狼的惩罚。比如说头狼要某条狼在家守卫巢穴，但是这条狼却偷偷溜出去玩了，那么这条狼就会受到撕咬的惩罚。

第二，降职。即降低这条狼在狼群中的地位。狼群是一个等级森严的组织，每条狼在狼群中都有自己的地位。如果一条狼出现了不遵守纪律的情况，头狼有权力降低这条狼的地位。因为这种地位和进食的先后顺序是联系在一起的，所以这种惩罚比普通的撕咬惩罚要严重一点。

第三，追赶。即头狼追赶犯错的狼。这样做就表明这条狼犯的错误已经很大了，不仅会遭受撕咬和降职的处分，如果这条狼不主动认错，甚至还会遭到驱逐的惩罚。一般情况下，公狼挑战头狼失败后，会遭到这种惩罚。

第四，驱逐。即头狼把犯错误的狼驱逐出狼群。这是最严重的惩罚，

相当于给这条狼宣布了死刑。

因为有了这样的制度和处罚，头狼的权威才得到保证，狼群的纪律才得到遵守。

作为领导，应当以有效的手段保证规章制度得以贯彻落实。规章制度没有什么碍于情面而不方便宣布的，如果等到出了什么后果再去亡羊补牢，恐怕已经来不及了。

领导者在加强企业管理和完善内控建设中，必须高度重视有章不循、违章操作的危害并全力加以制止，构建人人自觉遵章守纪的良好内控环境。

严格管理主要体现在各项规章制度上。北京马克西姆餐厅从卫生到服务，甚至对回答客人的各种问题，都有严格的规定。内容具体细致，任何人都不得违反。比如总则中有这样一条醒目的规定：对顾客提出的任何问题，永远不能回答说"不知道"，如果遇到不清楚的问题，应向客人说明，马上去问，给顾客一个满意的答复。这绝不是马克西姆餐厅的新"发明"，国外大多数高级饭店餐厅早有此先例，但马克西姆餐厅执行得十分出色，服务人员已经养成一种习惯，即尽力给顾客以满意的回答。

规章制度的建立并不困难，难的是长期执行。马克西姆餐厅在这一点上，有自己的独到之处。虽然它也像其他企业一样有着严格的惩罚条例，但似乎更注重调动工作人员的积极性和荣誉感，使员工能够比较自觉地遵守各项制度。

做到长期执行、自觉遵守制度这一点，主要是靠两方面的因素，一是对企业中工作人员的福利保证，二是珍惜企业的信誉名声，马克西姆餐厅在这两方面都做得很出色。

首先，这家餐厅工作人员的福利要比在同类餐厅工作人员的福利高10－20％。服务人员可以在餐厅免费吃午、晚两餐，每年有假期去旅游。在维护企业名声方面，马克西姆也下了很大的功夫。餐厅的所有条例无不是以这一点为宗旨的，他们十分强调，服务中的举手投足都要想到餐厅的名声，同时反复地强调服务人员是餐厅的"主人"。久而久之，服务人员从心理上造成了一种"自豪感"，绝大多数服务人员都能够全心全意地为餐厅工作。据法国巴黎马克西姆餐厅的服务人员讲，这家餐厅解雇服务人员的情况比较少。

但这绝不意味着对服务人员的错误姑息迁就。餐厅认为，严厉处罚严重失职的工作人员同样是一种维护企业信誉的有效手段。北京马克西姆餐厅开业时，前来工作的法国服务人员中有一位年轻的组长，虽然他年纪不大，但工作经历却很丰富。面对还不十分熟悉餐厅服务工作的中国伙伴，他不免有些骄傲，在工作中指手画脚，大家对他意见比较大。一次一个员工在营业前做准备工作时，由于铺台布的台面比较大，一个人铺有困难，他便找领班帮助，结果被这位法国组长当场叫住质问，一个员工如何能去指挥他的上级工作呢？晚上负责人卡丹先生知道了这件事，当场决定请他立即停止工作。后经中方多次出面说情，这位服务人员才保住了饭碗，但受到了严重警告，以致他三番五次地找这位领班赔礼道歉。事后卡丹曾开玩笑地说："中国怎么会能容忍'事不过三'的规定，如果我允许我的工作人员犯上三次错误，我的公司早就关门了。"他的话虽然是开玩笑，但却说明了一个问题：在竞争中求生存是不允许失误的，哪怕只有一次，也很可能断送了前程。卡丹在经营马克西姆餐厅时采用的这条"自觉为主，处理从严"的方针是很有效的，全体工作人员都能够认真主动地工作，给企业经营带来竞争利润。

【狼性管理说】

制度由两个部分组成：一是制定；一是遵守和执行。公司制定出来的规章制度不能成为摆设。作为领导，应当有有效的手段保证其贯彻落实，一旦发现有人违纪，便加以惩治，绝不手软。

狼性管理
LANGXING GUANLI

第四章

组织管理——塑造一个有生命力的狼群

一个企业,组织管理得好坏,将直接决定其生命力的大小。就像一个狼群,如果没有很好的组织管理,狼群就是一盆散沙而不是一支铁军;散沙的生存能力有限,而铁军的生命力无穷。

建立严密的狼群组织

我们

遵循着古老的狼道

充当丛林的侠客

我们

不是几条狼的组合

而是一个

有机的整体

严密的组织

具备自己的生命力

这就是我们

让猎物闻风丧胆的狼群

......

——【狼性宣言】

　　在很多人看来，狼群只不过是几条狼简单的组合而已，除了有头狼作为管理者之外，并没有什么独特之处。如果你也这样想，那么就错了。狼群之所以让猎物闻风丧胆，不仅仅是狼群中有众多条狼的力量的组合，更在于它还是一个严密的组织，我们能看到其中具备的组织体系。

　　狼群当中有哪些比较典型的组织体系呢？以我们所熟悉的白背狼群为例：

1. 管理体系

在白背狼群的管理体系中并不仅仅只有头狼而已，还有母狼。头狼是狼群的最高领导者，而母狼则是中层管理者，承担着狼群承上启下的管理任务。承上是接受头狼的命令，启下则是把头狼的命令分配下去，督促群狼去执行，并且把执行结果汇报给头狼。当然，在一些时候，头狼会越过母狼把命令直接下达给群狼，这种情况在狼群中也是允许且比较常见的。这并不表示狼群的管理体系是混乱的，而是具备两个相对独立的渠道而已。

2. 执行体系

在白背狼群中，无论是谁，都具备执行命令的职责。特别是在捕杀猎物的时候，几乎每条狼都有自己的职责，必须脚踏实地地去执行。当然，在执行过程中，头狼往往会身先士卒，起到良好的表率作用，凭这一点来看，白背狼群的执行体系是良好的。

3. 沟通体系

任何一个狼群，要想获得很好的执行力，必须具备良好的沟通体系。也就是说头狼和狼群之间只有在良好的沟通之下，才能更加有效、快捷地捕获猎物。什么样的沟通体系是良好的、能够正常运转的呢？白背狼在夜深人静的时候总会发出阵阵的嗥叫声，此时它的狼群，无论正在做什么事情，在什么地方，都会发出同样的嗥叫声来回应头狼。在人类看来，这点有"召唤"的意义，对于狼群来说，这其实就是一种沟通。

4. 决策体系

在白背狼群中，决策并不是白背狼单独"拍脑袋"决定的，而是群狼共同意志的体现。狼群进行沟通的时候，其实就是一种决策的过程。

从白背狼群的组织体系中，我们看到了组织的严密性，也从这种严密性中看到了狼群发展壮大的原因所在。一个狼群尚且需要这样严密的组织，更何况一个团队、一个企业呢？

公司战略必须通过各种组织活动才能得以实施，而组织活动的效率从根本上取决于内部分工的形式。企业组织结构的职能就是分工和协调，可以说它是保证战略实施的必要手段。合理科学的组织结构，对企业的日常生产经营活动，发挥着指导和协调的作用，能有效保证企业战略的实现。

一般来说，企业战略和企业组织结构是相辅相成的关系。一方面，企业战略对企业的总体组织结构起主要的、决定性的作用，另一方面，企业的总体组织结构又对企业经营战略的制定和实施有着不容忽视的影响。如果企业现有的组织结构不能与企业经营战略相协调，即使再好的战略也无法实施，或者不能按照战略的要求有效地实施。因此，企业领导者在选择战略时，应充分重视与战略性质相适应的组织结构。

能屹立数年乃至数十年、数百年的大组织，并非得力于组织形态及行政技巧，而在于组织的力量，以及战略对于组织成员的吸引力。因此，任何公司要想生存并进一步在竞争中胜出，首先就要敢于并且善于做出改变，完善自己的组织机构。

尽管在现代企业中，坚持家长式管理的领导者已经十分少见了，但仍然有很多不合理的制度和规划阻碍着员工创造性的充分发挥，员工积极主动性的缺乏并不像领导者们所认为的惰性使然，实际问题出在公司方面，比如，职责划分不清、指令传达不明确等。

所以，领导者应努力改变组织中阻碍员工主动性和创造性发挥的体制机制，让组织中每一个人都具有开拓创新精神，形成强烈的竞争意识，这样组织管理才能真正在企业中发挥作用。

【狼性管理说】

企业的组织好比一个人的左膀右臂、失去任何一个都不完整，也会给企业的发展带来障碍。对于管理者来说，在提高员工素质、做好企业战略的同时，也应该完善企业的组织。只有做到这一点，企业才完整，发展才不会因为"缺少功能"而停滞。

健全机构推动狼群发展

我们

是狼的联盟

头狼

母狼

群狼

幼狼

一个都不能少

……

——【狼性宣言】

或许很多人都不知道，在一个狼群中间，还有所谓"机构"一说。其实，任何一个狼群，都具备自己的机构。只不过有的狼群机构并不是十分完整。白背狼群的机构是这样的：

头狼：决策机构。在整个狼群中，白背狼始终是最后做决定的那条狼，即便它在做决断的时候会征询群狼的意见，但这种征询仅仅是听取意见和建议而已，最终的决策权还是在头狼手里。所以，它是当之无愧的决策机构代表。

母狼：中层领导机构。母狼在整个狼群中始终充当头狼的得力助手和狼群的直接上司这两个角色。这种角色决定了母狼在狼群中是中层领导者，既对最高领导者负责，也直接面对一线员工，起到承上启下的作用。

群狼：执行机构。任何一次猎杀、争夺地盘、清扫巢穴，群狼都是

最终的执行者。所以说，它们作为狼群的执行机构，一点都不为过。从某种程度上来说，这个机构对于企业的发展是极其重要的，如果这个机构缺失或者运转不灵的话，那么所有的一切都将失去动力。

幼狼：研发机构。幼狼是狼群的未来，如同企业的新产品就是企业的未来一样，所以幼狼在整个狼群中承担着"研发机构"的职责，它们的目的就是把自己培养成真正的狼，为整个狼群添砖加瓦。当然，有些时候，这个机构在狼群中会缺失。一旦出现这种情况，狼群就等于埋下了隐患。

从对白背狼群整体机构的剖析之中我们可以知道，无论是一个企业还是一个其他的组织，要想健康的发展，就必须具备健全的机构，否则就会造成机构断裂，给自身发展带来很大的不利。

很长一段时间内，人们都喜欢推敲一个公司衰败或倒闭的原因。这其中牵涉技术、顾客的偏好改变、流行风尚转变等等。其实，这些都是部分原因，很难说哪一样或者哪几样更重要。一个公司的成功，在于它如何有效运用组织成员的能力和才智，如何帮助大家找到共同的目标，以及如何透过代代相传的改变而保持其核心竞争力。

适应于未来竞争的组织变革是确立公司竞争力的关键环节，也是企业打造核心竞争力的必由之路。一些大型的组织之所以反应迟缓，行事拖拉，最根本的原因就是其组织结构不能适应现代企业竞争的需要；它限制创造力、浪费时间、钳制理想、扼杀梦想，更糟的是，会减慢一切事情的进度。组织变革的目的，就是要打掉、甚至推到这些阻碍在内部间、以及内部与外界之间的障碍。

华为的领导层十分具有战略眼光，华为的战略组织结构和管理体系不仅使其赢得了竞争的优势，而且为公司持续发展提供了经验。

中国电信市场和电信业在 20 世纪 90 年代的超常规大拓展，使华为获得了快速发展的宏观背景和机遇。从内部管理体制上来看，华为之所以能够取得如此骄人的成绩，其为可持续发展建立的"公司基本法"是一个重要因素。

1988 年，任正非在深圳创立华为公司。第一代、第二代华为创业者通过他们的艰苦奋斗、远见卓识和超人胆略，使华为初具规模。

这期间华为走过了崎岖的创业历程，但华为人也在失败中探寻到了前进方向。1995 年，成立仅七年的华为公司呈现出大发展的趋势。站在第一次创业的终点，总结经验，有什么东西是需要继续保留的？哪些东西是必须摒弃的？同时，随着公司在国际市场上的快速拓展，又能从业界先进公司吸取、学习到什么？如何继承优良传统，创新开拓未来，可以说是华为第二次创业面临的重要问题。正如华为公司总裁任正非分析的：华为的第一次创业，是靠企业家行为，是创业者不屈不挠、艰难困苦地实现了第一次创业的目标。华为把第二次创业的目标定为可持续发展，用十年时间使各项工作与国际接轨，其特点是要淡化企业家的个人色彩，强化职业化管理，建立一个企业文化，使之形成一个"场"，以推动和引导企业的正确发展。

华为要开拓海外市场，外国同行要抢占国内市场，竞争可谓异常激烈。面对国际强手，又有许多宝贵的经营思想和理念值华为得学习。如何将华为十年辛苦的积累与探索，在吸收业界最佳的思想与方法后，再进一步提升，成为指导华为前进的理论，避免陷入经验主义的泥潭，任正非认为有必要为公司未来发展制定一份有建设性的纲领文件。于是华为公司在 1998 年通过了著名的"华为公司基本法"，并开始实行。

任正非制定"华为公司基本法"有三个目的：一是将华为公司企业家意志、经验、精神和思想转化为成文的公司宗旨和政策，使之能够明确地、系统地传达给企业管理层，由职业管理层规范化地运作；二是明确华为公司处理基本矛盾和企业内外部重大关系的原则和优先次序，建立调整公司内部关系矛盾的心理契约；三是指导公司组织建设、业务流程重整和管理的制度化建设，实现系统化管理和推动管理，从而达到国际标准，并使华为公司的管理体系具有可移植性。

拥有核心竞争力是华为不断追求的目标。华为认为，核心竞争力不

是外部因素能够产生的，它必须从企业自身发掘，通过科研开发等手段去发现、创造。华为公司强调，人才和市场是公司成长的主要牵引力。这两种力量之间存在着相互作用：机会牵引人才，人才牵引技术，技术牵引产品，产品牵引更多更大的市场。只要促进它们之间的良性循环，就会加快公司的成长。

华为强调以责任结果为价值导向，建立了一种以自我激励、自我管理、自我约束的机制。在这种充满活力、积极向上的组织模式的牵引下，华为迈过前进道路上的一道又一道"坎"，取得了令业界刮目相看的骄人业绩。

【狼性管理说】

企业的发展，是各个机构之间相互运作、努力的结果。如同一部车能往前开，是各个零件共同运作的结果。领导者所要做的，就是保持这些零件的完整和正常运转，一旦出现缺失、破损的情况，要及时进行维修和更换。

头狼要调动狼群积极性

头狼的舔舐

母狼的呵护

都让每条狼为之心动

以至于在猎杀之时

忘记了自己的安危

冲在前面

杀在前面

为的，只是回报心中的那份感恩

……

——【狼性宣言】

一条好的头狼，不仅仅有着丰富的实战经验和强健的体魄，而且还有着强大的号召力，能够随时调动狼群的积极性，向猎物发起猛烈的攻击。后者尤为重要，这就是头狼和头狼之间的区别，也是普通狼群和优秀狼群之间的区别。白背狼之所以说它是一条优秀的头狼，关键的一点就是它善于利用自己的行动来调动狼群的积极性，

在每天捕猎之前，狼群都会集中在巢穴门口等待头狼。此时的头狼一般都会在巢穴附近嗥叫一番，这么做，既是对一天的开始寄予希望，又是对狼群进行动员，鼓励狼群奋力拼杀，赢得生存。除此之外，捕猎完成之后的头狼，还会走到每条狼的身边，舔舐它们，无论是母狼还是狼群中地位最低的狼，甚至小狼崽，头狼都会不厌其烦地去做。

虽然只是两个简单的举动，但是对于狼群来说，这是一种荣誉，也正是这种荣誉，让头狼随时都能调动起狼群的积极性，随时准备凶猛捕杀。

组织的领导者，掌握着组织的发展方向，决定着组织的生死存亡。如何当好组织的领导者是不得不思考的问题。一方面，领导者要在组织中树立自己的权威，另一方面还要协调组织中的各种矛盾，为组织的发展找到方向，带领组织不断发展壮大。

如何在组织中树立威信，使团队紧密团结在自己身边，并带领团队创造卓越的成绩呢？关键要调动团队的积极性，让整个团队的力量为我所用。在这一点，中国人寿广西柳州分公司，有优秀团队典范之称的张杰团队就做出了表率。

张杰团队成立于 2000 年 9 月，经过四年的共同努力，现有业务员216 人，其中大专文化以上占 50%，党员 23 人，业务管理者 40 人，经理

2 人，分经理 3 人，讲师 29 人，先后有 40 人荣获市、省、全国系统"营销精英"荣誉称号。

团队领导者张杰九次荣获中国人寿金质奖章，团队年年提前超额完成上级公司下达的保费任务，连续多年被评为"关系分公司优秀团队"，成为广西人寿最佳绩效团队之一。

张杰团队取得这样的成功很大程度是与张杰个人的努力分不开的。

1996 年 9 月，张杰加盟中国人寿，开始从事寿险营销职业。凭着积极向上的心态和坚定必胜的信心，张杰在业务上取得了优异的成绩。但她很快意识到要在寿险行业大有作为，就必须有自己的经营定位，寻找合作伙伴，打造自己的寿险王国，从此，张杰开始组建并经营自己的团队。

起初她遇到不少困难，但她都想尽一切办法解决，凭着一股坚强的决心和毅力，到 2000 年 9 月，团队发展到 41 人，张杰同时晋升为营销部经理，张杰团队也成为广西人寿系统一个独特管理模式的营销团队。

这时，张杰认识到，一个优秀的团队领导者不仅仅要发挥自己个人的才华，更要有广纳贤士、利用团队的聪明才智扩充团队整体能力的用人能力。

在张杰的不懈努力下，团队成员的素质有了很大提高，新增的团队成员不少都成为团队的骨干力量。

多年的营销经验使张杰深切体会到，要打造金牌团队，必须全面提高业务员的整体素质。

为培养团队的组织架构，提高绩效，张杰从晨会到客户联谊会，都采取轮流执周制，每一个团队中的小组带头人轮流上台宣讲，锻炼大家的语言表达能力，还在团队中设晨会策划部、教育培训部、职场文化部、人力资源部、群工部等五个部门。

张杰的部门营销人员全部实行竞争上岗，同时，她还鼓励新人同不同层面的人交朋友、打交道，每天保持十人以上的陌生拜访。

张杰团队取得的成绩是有目共睹的，通过这个例子我们也深刻地认识到，一名优秀的团队领导者是团队取得卓越成绩的有力保障。

调动团队成员的积极性，重要的是要使团队成员发现自己所从事的工作的价值，能从工作的完成中享受到一种满足感。作为团队的领导者，要在保护团队成员的积极性、主动性、创造性方面下工夫，使工作和人性两方面得到统一，个人会在团队和组织的发展中实现自己的目标，共同走向成功。

团队精神并非与生俱来，管理者在企业文化的塑造过程中要注意有意地培养员工的团队协作，需要我们做到以下几点：

1. 激励你的伙伴们。

需要持续不断地思索对你的伙伴们具有激励作用和挑战性的新的更有吸引力的方式。设定高远的目标，鼓励彼此间的竞争，并在此基础上充分利用竞争性的奖励制度。

2. 和你的下属交流任何可能的事情。

他们知道得越多，就越能理解团队的宗旨；他们越能理解团队的宗旨，就越关注团队发展；一旦他们关注了，什么都阻止不了他们对团队工作的参与。如果你不信任你的同事，不让他们了解正在发生的一切，他们就会知道你并没有把他们当成伙伴。

3. 赞赏你的下属为公司所做的一切。

他们希望能够经常得到肯定，尤其是在他们完成了某件非常引以为豪的工作时。

4. 认真倾听公司的每一个人的谈话。

千方百计地找到让他们开口谈话的办法。为了在组织内部逐级分配责任，为了让众多的思想、观点在里面孕育、交锋，必须仔细聆听你的同事们尽力想要告诉你的一切。

狼性管理
——企业傲然生存的狼性管理法则

　　只有善于调动员工的积极性，企业的生产力、执行力才能提高，才能获得更多的利润。从某种程度上说，一个企业生产经营状况的好坏，和领导者是否懂得并善于激励员工有着很大的关系。要想打造一个狼性企业，领导者就必须像优秀的头狼那样去激励自己的下属。

"激情管理"，以狼为本

有时

我们需要的不仅仅是肉

而且还需要一个激情的嗥叫

嗥叫过后

就是刀光血影的厮杀

那才叫一个痛快

让心中的自由在畅快淋漓中

获得永生

……

——【狼性宣言】

　　白背狼群之所以能在寒冷、缺少食物的西伯利亚地区发展得如此之好，很大一部分原因得益于白背狼的"激情管理"。在它的这种管理模式下，狼群中的每条狼都能很好地完成自己的任务，承担自己的责任。而这一切就是狼群发展的原动力，具备了这个动力，狼群就会不停地往前发展。

什么是"激情管理"呢？说到底就是"以狼为本"式的管理模式。

在组织中，应该有一种倡导自由、提倡创新、肯定自我的良好氛围。在这种氛围下，吹拂的才是坦诚、率直、信赖、协作的春风。

只有真正重视人的组织，才可能为所有的员工创造出一个展示他们个人能力的大熔炉，员工们才可能在这个熔炉里吸收他人所长，在不断完善自我的过程中推动组织的进步。

金蝶采取"激情管理"的管理模式，这种管理要求激发企业的能动力，激发企业的潜力，完全体现出"科技以人为本"的哲学思想。用总裁徐少春的话来说，企业不是科学，企业的行为既不是物理变化，也不是化学反应，企业是人的组合。企业同人一样经历诞生——成长——稳定发展——衰退——灭亡的生命周期，面临着优胜劣汰。企业有一种内在的原动力，这种原动力需要激发，需要一种以系统化、全面化为主要特征的管理模式。

金蝶公司在深圳本部和全国各地的分公司的员工都非常年轻，大都在 24～25 岁之间。金蝶的激情管理吸引了他们，在这里他们可以充分发挥自己对创业的激情。金蝶的激情管理针对企业的管理层、经理层、员工层有着不同的体现，对于管理层强调的是开放授权，作为企业的创业者在企业形成一定规模后，已经形成了自己的个性，什么事情都想亲力亲为，这会束缚企业的发展，开放授权，让管理层在宽松的环境中充分发挥他们的聪明才智，只有这样才能激发管理层的工作激情；经理层在企业中起到对公司的各项指令、信息上传下达的作用，这支队伍的作用非常大，在授权的同时要对他们进行培训使其增长才干；员工要直接面对顾客，他们有最丰富的信息和经验，他们的工作是否充满激情是非常重要的，要通过各种学习方法让员工具有更多的才能，使他们看到自身价值，激发其努力工作的激情。总之，授权和开放使各个层面的员工具有更多的自主权，同时带给他们希望。要想建立一个能对周围环境变化迅速做出反应的企业，全体员工的能力和实现自己愿望的激情是一个关键的因素。能力和激情所创造的价值不是简单的加法关系，其中任何

一个因素的增加都会导致结果的成倍增长。

金蝶"激情管理"的基础是"爱心、乐业、创新"的企业核心价值观，推行员工内部持股，给予员工业内最高待遇，实行企业组织形式的扁平化，使员工作为知识工作者参与企业决策。通过一整套严密而灵活的体系去实践其激情管理，营造出一个宽松的人文环境、无限个人发展的独特氛围，吸引了业内的优秀人才，并让企业中的每一个人都充满激情。

金蝶公司依靠文化、观念维系着每一位员工的激情。金蝶通过一系列的制度、系统、流程，激发员工的激情。每个季度和年终的考评决定每一位员工能否得到企业的股份，其中创新能力、专业技能、工作成效，占到80分，另外20分放在效果与失误上。业内的最高待遇及年薪制，效益工资、工会法人持股、法人股等保证了员工在物质利益无忧的情况下，富有激情和干劲。

相对于海尔强调控制、让每个人在每件事中都有明确的目标、每时每刻都有事做的管理，金蝶"激情管理"最大的特点在于强调个人能力的发挥，即开放式的自主管理。总裁徐少春认为，软件行业就是要让每个人尽力创新，让他们自己找事做。

人性化是金蝶"激情管理"的核心，稍稍留心一下金蝶，不难发现其产品的物理形态正在日益变成某种消费概念乃至生活时尚的载体，其市场生存能力和生命周期往往不再取决于它的有形的物理性能，"以物为本"的技术正在变为"以人为本"的技术。

畅销全球的《大趋势》的作者奈斯比特先生，有一番耐人寻味的讲话：每当新技术出现，就会有响应的人类精神的需求，而在并列的两条轨道上，人类的情感精神这一边已经远远落在后面，人类正被高科技抱着走。从这个意义上说，数字化的时代，比以往任何一个时代更需要人性化，需要充满人性化的激情管理。

人性化的激情管理不但必要，而且也具有很强的操作性：

1. 建立以勇气为主的组织观

勇气，就是断然坚决行动的气魄。人在决定采取什么行动时，自己心中总是存在着一种阻拦这种行动的阻力，这种阻力来自于维持现状的本能。

对整个组织而言，要在员工心中建立起这样一种组织认同：这里是勇敢者一试身手的地方！这就为所有的员工提供了自我成长的外在环境，他们的自信会在经过无数次失败与成功交替的洗礼后而变得更为强大。

2. 创造坦率、自由的工作氛围

坦率、自由的工作氛围首先需要为员工提供一个好的工作场所。在这里，人们能充分地感受到组织所倡导的观念，组织对员工的关注，以及领导者对他们的信任。

关于让员工自由发表言论的问题，是在创建工作氛围中要特别注意的。员工敢不敢把自己的新思妙想拿出来公论，或是将一项提案提交给组织审核，这对于他们自信心的提高与否有着很强的作用。一个自由发表言论、畅所欲言的组织氛围，会使员工加入到自由的、公开的讨论形式中来，从而无论在信心上还是在工作能力方面，使员工通过借鉴他人之长明白自我的欠缺。

3. 建立以人为中心的创造性组织

企业、公司组织的生存之本是人，建立以人为中心，尊重人性的创造性组织会为整个组织交流气氛的产生、为员工团结一致创造奇迹，为员工的自信心、自豪感的形成起到根本的奠基性作用。

以人为中心的创造性组织宣扬的是人的个性与人的能力，因为个性产生能力，能力创造业绩。要使组织上下协调，工作有效，其前提就是必须承认参与的个人与个性，承认他们自我发展的空间，也就是说在团体交流之前，就要培育个性、尊重人性。这样做，组织自然会活跃起来。

组织的真正发展与壮大，需要大量德才兼备、拥有真才实学、充满

热情与自信的人才。实力是个人所具有的真正财富，也是组织能够不断创造业绩的内在源泉。一个奉行实力主义的组织，能够给每个人提供展示才华与实力的空间，为每个人全面自我的发展开拓道路。

【狼性管理说】

领导者管理企业，并不需要自己上阵，亲自去做各项工作，而是要调动员工的积极性、指挥员工去做某事。所以，管理者要利用狼群的"激情"式管理激发员工的积极性，同时做到"以人为本"，从而提高员工的执行力。

全力以赴，收获战果

一条狼

捕获不了猎物

一群狼

才有成功的希望

我们需要的

不是某条狼的尽力

而是狼群的全力

……

——【狼性宣言】

狼之所以是一种群居性的动物，很关键的一点就在于一条狼根本无法生存，因为它捕获不了猎物，即便一天能捕获，也不能天天捕获，最终只有被淘汰。这就好比企业一样，只有一个人是做不出什么大事业的。

一个战略的成功，需要多方面的保障因素，比如环境、资源、竞争对手等，但最根本的还是组织上的保证。只有建立一个灵活高效、上下协调一致的组织，才能保证战略的成功实施。

作为一个企业的组织，也必须把握时代脉搏，为战略的成功实施保驾护航。春兰作为一个优秀的国有企业，正是通过组织结构的调整，不断适应现代企业的发展方向，才不断做大做强的。

从 20 世纪 80 年代到 90 年代初，春兰只是单一生产空调器的企业，生产规模也不大，其管理体制采用的是"大一统"式的直线型结构。这种管理模式在当时最大的优点就是政令畅通，企业能够快速决策、高效运行。

进入 90 年代中期，随着多元化经营的逐步深入，春兰组建了电器、自动车、电子、商务、海外五大产业分公司，成为一个多元化经营的跨国企业集团。由于企业的组织结构越来越庞大，企业的管理层次也越来越多，直线职能式的弊端也越来越明显，严重影响了企业的正常运转。为此，春兰于 1997 年 4 月，开始进行了企业创建以来第二次大规模的管理体制创新，构建了一个更适合多元化经营的企业组织结构。

1999 年，陶建幸在充分剖析了世界著名公司管理方式的基础上，结合春兰的实际，提出了适合大型企业的创新矩阵管理构想。

创新矩阵式管理以产业为列，以资源为行，其核心为"统一规划、横向立法、纵向运行、资源共享、合成作战"的二十字方针。所有产业集团及其下属的工厂划属纵向部门，属于运营体系，集团的法律、人力、投资、财务、信息资源等部门属横向部门，规定横向部门制定规则，纵向部门在规则中运行，从而克服传统矩阵式管理中容易造成权力交叉和相互制约的现象。

同时，这种管理模式也减少了管理层次，消除了信息阻隔，在加强统一规划和法规管理的基础上，提高了运行部门的积极性和创造

性，加快了它们对市场的反应速度，从而较好地解决了大型企业的统分矛盾。

从总体上讲，春兰集团所有子系统的一切活动和行为，都必须服从和服务于集团的总体战略和整体利益。

这些制度的实施，从根本上改变了春兰集团内部过去的"游戏规则"。

拿春兰内部小汽车的管理和使用来说，以前春兰集团下辖几十个企业都有小车队，总数达到 80 多辆，但是很多小车仅仅用于接送老总上下班。为了实现资源共享，节省成本，实施创新矩阵管理后设立了运输调度中心，统一调度集团内所有小车，并将小车的数量根据效益成本原则减少到了 40 多辆，实行"谁使用，谁申请"的制度。这样一来，以前每年 2000 多万元的费用开支，2002 年下降到了 1400 万，一下子节省了 600 多万元。

回顾春兰 20 余年的发展轨迹能够发现，它在不断经历变革，而所有的变革都是朝着一个方向——将春兰做得更大、更好。经过不断努力，春兰由幼稚走向成熟，建立了现代企业制度，在经济全球化、金融资本的国际性流动及网络技术飞速发展这三大力量推动下，春兰找到了更充分的动力和保障。

【狼性管理说】

一个员工，再怎么有能力，他对企业所做的贡献都是有限的。一群员工，能力再小，只要能使尽全力为企业付出，那么力量都是强大的。领导所要做的，就是通过自己的努力，使员工团结一致，让他们全心全意地为企业付出。

求同存异，解决狼群内部冲突

虽然我们是一个完整的狼群

但是每条狼都具备自己的个性

我们难免会发生冲突

当我们龇牙相向的时候

头狼总是会以它的嗥叫警告我们

让我们懂得和平共处的重要性

……

——【狼性宣言】

在狼群中，如果出现了内斗的情况，头狼一般都不会坐视不管，它先是以自己的威严来控制局势，不让它进一步恶化，然后派出母狼，全面进行调解。经过这两个程度之后，狼群中的基本矛盾都能获得解决。

控制相异之处而取得一致是大部分组织面临的主要挑战。它们反映了以往的组织规范和认同行为与新的组织规范的较量，而这种新的组织规范是组织获得最佳运行效果所必不可少的。

企业领导者应该将组织成员间的冲突当作一个发掘差异、从不同角度思考问题的机会，而不是将意见分歧扩大为争执。在组织里，没有人会在争论中获胜。

从心理学上讲，冲突是一种心理经历，有一个酝酿培植——刺激突发——情绪宣泄——理性控制——复归平衡的过程。在企业内部，员工

之间不可避免的会因各种原因发生争执，为解决冲突，企业应遵循人类心理规律，通过心理疏导，唤起理智感，让员工自己解决矛盾，实行自我教育，摆脱消极情绪对心理趋向的左右，在心理相融的气氛中，和平地解决冲突。

索尼公司创造的"五房间熄火法"就是一种饶有趣味的化解冲突之法。在索尼公司，当员工发生矛盾时，闹矛盾的员工需要先后进入五个房间：

第一个叫"哈哈镜室"。满脸怒容的员工进入后，先照哈哈镜，看到哈哈镜中扭曲变形、怪模怪样的自我，会忍不住笑起来，在笑声中自然消了些气。

第二个叫"傲慢相室"，里面有一个橡皮造的塑像斜眼看着你，表示蔑视和看不起你，这时工作人员让闹意见的员工拿橡皮榔头去打那个傲慢相，让闹意见者尽情宣泄还未消尽的气，以达到心理的平衡。

第三个叫"弹力球室"，墙上绑着一个球体，连着强力橡皮筋，叫闹意见者使劲拉开球后放开，球打在墙上马上反弹回来，击中其身体，旁边工作人员会问："你痛不痛?""为什么会痛?"然后告诉该员工，这叫"牛顿定律"，有作用力就有反作用力，你去惹人家，人家就会报复你，让员工冷静想一想这其中的道理。

第四个房间是工厂的"劳资、劳工关系展览室"，让闹意见者在该房间认真观看过去资方怎样关心劳工以及职工之间怎样互相友爱的实例，以加强对闹意见员工心理的触动，引导他们反思自己的言行。经过上述四个房间后，经理在第五个房间等候。

第五个房间叫"思想恳谈室"，经理征求闹意见双方的意见，看矛盾如何解决。经历了四个房间的员工，这时大多已冷静下来，双方一般情况下自然会主动解决矛盾，心平气和地接受批评和做自我批评。矛盾解决妥帖后，经理对两人还要勉励一番，并给予物质奖励。

矛盾是集体工作的必然结果。当人们向现状提出挑战或者辩论如何提高为客户服务的品质时，矛盾是健康有益的；然而，当矛盾产生于相互发难的个人时，则是不健康的。这种矛盾一旦根深蒂固，再想解决就不容易了。因此，领导者千万别让矛盾生根发芽，否则将不可避免地为企业持续发展设置拦路虎。

1. 及早着手处理组织内部矛盾

上下级相交往，贵在心理相容。彼此间心理上有距离，内心世界不平衡，积怨日深，便会酿成大的矛盾。

当矛盾的苗头刚刚出现的时候，应立即处理。不妨和对方确定一个时间共同解决分歧，并尽量安排在私人场所进行会晤。在会晤时，应制造出利于交换意见的气氛，说话和表达身体语言时要有建设性和积极性，以及解决矛盾的诚意。

谈话时要坚定明了地突出自己的情况，并保持眼神接触。谈到烦恼的事情时要具体，举例说明，不要夸大其词或者曲解事实的真相。不要使用刺激性的语言，否则，对方会对准你的言辞而不是对准问题的解决方案；不要翻旧账，只针对眼前的事情进行讨论。

同时，也要仔细听取对方的情况，不要打断。要积极寻找同意的那些方面，保持客观的态度，对合理的地方要点头或予以肯定。

一旦双方对问题取得了一致意见，就马上趁热打铁向着解决问题的方向迈进。提出准备怎样做，以及处理对方关切的事情，问对方怎样做可以解决问题；找不出解决办法时可以保持不同的意见，表明尊重对方的立场。

结束会晤时，应当对之前的讨论和双方承诺进行总结归纳，对对方愿意解决你们的分歧的态度给予赞赏。

管理者也可以采取一些非正式的沟通方式，来化解彼此之间的不快。比如：见面时先开口，向对方打招呼；在合适的场合，适当地开开玩笑；根据具体情况做些解释；对方有困难时，主动提供帮助；多在一起活动，不要竭力躲避；战胜自己的"自尊"，消除别扭感等等。

2. 领导者要扮演好协调双方矛盾的角色

当发现某个工作团体的大部分成员对另一个工作团体产生了厌恶情绪的时候，领导者最好毫不松懈地作一些调查工作，先弄清楚这种情绪产生的时间，以及产生这类情绪的直接导火索和以往所有可能牵涉进来的一系列事件。掌握了第一手的资料之后，不妨找这两个团体的管理者谈一谈问题。

一开始，要分别来谈，看看两个团体是否对彼此怀恨在心。如果他们任何一方仍抱着狭隘的"局部主义"观念，完完全全从自己部门利益出发考虑整个事件，那么就应以领导的身份进行单独的批评教育。当他们都有和解的愿望之后，才可以进行下一步的工作。

准备工作一旦就绪，不妨由领导者挑头开一个大会，邀请双方的各级代表参加，开诚布公地谈一谈问题。会议上的争执是不可避免的，但只要言语不要过于激烈、对事不对人就可以了。如果他们一时仍克制不住怒火，那么领导者可以用一些主持的技巧，把与会者的注意力转移到事情、矛盾本身上来，可以用提问的方式将话题吸引过来，如："既然你们对他们的做法这么不满，那么可不可以仔细地谈一下你们所见到的实际情况"，或者是"他们说得对吗，真的是这样吗"，这样的引导，至少有助于双方代表对于事情给予更多的重视。

最后，促成双方代表对问题达成一致的看法。打开以前拿到的"第一手材料"把几个核心问题挑出来，在双方代表面前宣读，并且分别让他们阐述各自不同的看法，从中进行有针对性的调解，可以说"你们的意思从根本上来说是一样的"或"你们的这一部分观点他们完全同意"之类的话，将双方的话题逐渐拉拢，将矛盾的焦点愈加细致化、具体化将已经达成一致的问题从材料上删去，对仍无法达成一致的问题允许双方保存意见，以备日后商榷。

3. 引导团队成员进行充分沟通

一个优秀的企业，强调的是团队的精诚团结、密切合作。因此，员工之间的沟通十分重要。员工之间要想沟通好，必须开诚布公，相互尊重。

作为管理者，一定要引导部属之间展开充分的沟通，每个员工不仅能自由地发表个人意见，还能倾听和接受其他员工的意见，通过相互沟通，消除隔阂，增进了解。

【狼性管理说】

管理者引导部属之间的互动沟通与交流，可以消除误会，增进了解，融洽关系。如果彼此缺乏沟通，就会产生矛盾，酿成隔阂，形成内耗，影响企业的正常运转。

狼群需要不断学习和发展

从呱呱坠地开始

我们就在不停地学习

因为我们知道

失去了这个"万能钥匙"

我们将会陷入万劫不复之地

……

—— 【狼性宣言】

狼群中，当母狼产下一窝幼崽后，通常会有多位"叔叔"担当起"保姆"的工作，在成年狼嬉闹玩耍时，狼崽们就被耐心地训练，不断地学习着。

当然，这种学习一开始就不会轻易结束。小时候是从"保姆"那里学习，长大之后就是从猎物身上学习。所以狼的社会是典型的学习型团

队，企业管理也要力争创造学习型企业。

一个组织的竞争优势最终将取决于该组织的学习能力，以及将学习到的知识迅速转化为生产力的能力。

壳牌石油公司总裁曾经说过："惟一持久的竞争优势，或许是具备比你的竞争对手学习得更好的能力。"《财富杂志》也有类似的话："最成功的公司，将是那些建立基于学习型组织的公司。

21世纪，全球企业正在形成一个共同学习的热情，以往那些在全球各行各业称雄的超大企业，一家独霸的局面已发生改变，例如IBM、柯达、宝洁、施乐等已不再独领风骚，特别是在制造业，新兴企业茁壮成长的例子愈来愈多。美国与欧洲的公司学习于日本的公司、而日本的公司又学习于韩国和欧洲的公司。

随着信息社会的到来，世界更息息相关、复杂多变，学习能力也需要增强，才能适应此变局。任何企业都不能再只靠像福特、斯隆那样的领导者一夫当关、指挥全局，未来真正出色的企业家，将是能够设法使各阶层人员全心投入，并有能力不断学习的人。

要让学习意识成为企业上下每个人的思考习惯，调动公司里每个人的创造力，除了内因的影响力（如员工个人精益求精的工作态度与主动求变的意识等），在外因建设上，领导者还要创造一个适合组织学习的企业氛围。

"要么创新，要么灭亡"的呼声在现代管理中日渐响亮。创新是指形成一种创造性思想，并将其转换为有用的产品、服务或作业方法的过程。富有创新力的组织能够不断地将创造性思想转变为某种有用的结果。

学习型组织文化通常有如下特征：

·接受模棱两可。对目的性和专一性的过分强调会限制人的创造性。

·容忍不切实际。组织不压制员工对"如果……就……"这样的问题做出不切实际的、甚至是愚蠢的回答。这种答案乍看起来似乎是行不通的，但往往可能带来问题的创新性解决方法。

·外部控制少。组织将规则、条例、政策这类的控制降低到最小限度。

·接受风险。组织鼓励员工大胆尝试，而不必担心可能失败的后果。错误被认为能提供学习的机会。

·容忍冲突。组织鼓励不同的意见。个人或单位之间的一致和认同并不等于能实现很高的经营绩效。

·注重结果甚于手段。确定明确的目标后，个人被鼓励积极探索，有可能实现目标的各种途径。注重结果意味着对于任一给定的问题，都可能存在若干种正确的解决途径。

·强调开放系统。组织随时保持对环境变化的监控，并迅速做出反应。

有两类因素可以用来激发组织的学习力，即追求远大绩效、将奖励与目标挂钩。

远大的目标对于激发创新有很大的影响。如果绩效目标订得不好，公司就失去了激励员工创新的重要工具。设定远大的目标是激发创新观念的关键。

公司在订立远大目标时，应该对良好的表现给予奖励，即使目标没有达成也要奖励。

订立积极进取的目标是学习的动力。当你的目标是远大的时，你就必须把焦点集中在整个组织上，大刀阔斧地改革，如此才能促进组织学习。

要有效地促进组织学习，还必须使组织的报酬制度与评估措施相结合，所有的奖励措施都应该以结果为依据。

奖励应该针对员工所能掌控及影响的事情。他们必须有办法调整自身行为，以带来更好的结果，但假如要求他们对无法掌控的结果负责，这不仅有失公允，到头来更会打击士气。因此，作为企业领导者，更要做到以下几方面：

1. 企业领导者要带头学习

麻省理工学院的彼得·圣吉表示："我们对领导者的传统看法是，确定方向、做出关键性决定，并激励团队特定人物。这种看法深深植根于个人主观和非系统的世界观之中，特别是西方世界，领导者等于是英雄，他们常常在危机时刻挺身而出。我们对领导的向往，仍然停留在骑兵队队长率领麾下部队冲锋陷阵的印象。只要这种传奇存在一天，它们就会强化那种大刀阔斧式的具有传奇色彩的英雄形象，而不是去强调依靠制度的力量和集体的学习精神。"

事实上，强调集体的学习精神，领导者首先就要学习，学习是领导职能中不可缺少的一部分，不肯学习的领导者绝对不可能生存，今天的领导者必须同时领导和学习。这显然必须面对的重大改变，也是重大的挑战。杰克·韦尔奇说："一旦我停止学习新的事物，开始谈论过去多于未来时，我就会退休了。"

2. 学习要善于开发智力

学习不仅要掌握知识，更要善于开发智力、开发智慧。因为智力、智慧以知识为基础，但有知识并不等于有智力和智慧。智力是学习与掌握知识、运用知识进行创造的能力，是善于适应环境变化并能动地影响和改造环境的能力，是抽象思维能力和分析、综合能力。

3. 充分吸取外部的养分

回避现实、自满自大是学习型文化的对立面，真正的真理其实是：你总能从别人那里学习到有用的东西。一个主意的好坏与它的出处无关，好立意可以来自任何地方。你必须四处寻找，同别人分享你的所知，同时得到别人的所知，只有不断地同别人交流才能做到这一点。

学习型文化强调应该把目光放眼到世界的各个角落，从中汲取最优秀的思想精髓。

4. 向自己的员工学习

真正的好学精神要求不放过任何一块可能孕育着新知识的园地。

然而，领导者通常忽略了一个重要的智慧源泉——他们自己的员工。他们总是错误地认为，关于公司的经营方略，员工是最不具发言权的。

其实，员工们是智慧的源泉。一个企业获取更多竞争力的惟一途径便是发挥组织中每位成员的智慧，让所有的员工更多地参与到公司的经营中来，不再有一个旁观者。

企业的发展，需要建立一支步调一致、遵循游戏规则、精而强、高水平的组织队伍。

在现代组织形式中，企业的发展需要一批高精尖的组织成员，这些组织成员能够组合在一起把各自的能量发挥到最高点。无论一个人的学历有多高、经历有多丰富，都必须先融入自己所在的组织文化之中，并能不断学习、善于思考，从内心深处认同企业的经营思想，只有做到这一点，才谈得上做出业绩，以及为企业发展做出贡献。

一个企业组织的竞争力，已经表现出领导者将组织结构组建得更具规模，在有利于企业组织在整个竞争潮流之中取得发展和进步。作为组织的建设者，还必须认识到组织与组织构建的形成，必须加强组织成员的思想道德建设，形成组织特有的信念和文化，使之与整个企业文化融合在一起，从而产生巨大的影响力和竞争力，成为企业发展的一个动力系统。

【狼性管理说】

一个企业学习的过程，就是员工思想不断交流、智慧之花不断碰撞的过程。对于管理者而言，所要做的就是需要营造这样一个学习的氛围，让所有的员工都参与进来，把自己所掌握的新知识、新技术、新思想拿出来和其他团队成员分享。

第Ⅲ篇

挖掘潜能，培育企业的狼性人才

一条狼的捕猎潜能很可能是由猎物挖掘出来的，更可能是由头狼挖掘出来的。21世纪的竞争是人才的竞争，企业要想发展，并不一定引进多好的人才，只要懂得挖掘现有人才的潜能、培育企业所需的员工，同样能打好这场仗。

狼性管理
LANGXING GUANLI

第五章

人才管理——有狼才会有狼群

　　狼群和狼群之间的竞争，就是狼和狼之间的竞争；企业和企业之间的竞争，就是人才与人才的竞争。没有人才，就没有一流的管理，没有一流的生产、营销、技术开发，就形不成竞争优势，那么还谈何发展？人是企业最富有能动性的宝贵资源，同时又是最难驾驭的生产经营要素之一。如何有效地开发和合理使用企业的人力资源，如何实现企业和人才自身的协调发展，决定着企业的成败。

好狼群需要好狼

我们都是一条条优秀的狼

组成了一个优秀的狼群

无论是在茫茫的草原上

还是在茫茫的雪地上

都能看到我们的身影

我们

用血性的猎杀

来证明我们的优秀

……

——【狼性宣言】

白背狼群之所以是狼群中优秀的种群，并不仅仅在于白背狼本身非常不错，还在于它统治下的群狼也是不错的。任何一个优秀的狼群，都离不开优秀的群狼。这一点，对于现代企业的人才管理来说，是非常重要的。

在现代企业管理的六大要素——人、财、物、设备、技术、信息中，人是企业生产经营的主体，这种最活跃、最能动的因素是企业生存、发展的关键。现代的管理学家们似乎在告诉我们这样一个道理：企业之间的竞争，归根结底是人才的竞争，谁拥有更多的优秀人才，谁就能在竞争中胜出。人才管理的本质就是以人为本，在尊重人的价值的同时，实现人的价值和企业的价值。

人力，既然是企业中最活跃、最能动的资源，应当如何对其进行开发和管理，从而使这一资源为企业、为社会发挥更大的效能呢？

作为一家有着 40 多年历史的大型国有企业，乐凯不仅是民族感光材料的骄傲，而且在某种程度上也可以看作是众多国有企业的一个样本。在外部环境的强烈冲击下，当今国企的人才理念是怎样的？年轻人在国企究竟有多大的发展空间？

随着国内国际市场竞争的日益激烈，乐凯深深感到，如果没有高素质人才的支撑，一个企业不仅谈不上发展，甚至可能面临生存危机。乐凯的人才理念是"人才创造乐凯，乐凯造就人才"。所谓"人才创造乐凯"是指，乐凯非常重视人才，把人才看作企业的第一资源；"乐凯造就人才"的含义则在于，乐凯能够为人才的发展创造机会，提供尽可能宽广的发展空间。

应该承认，乐凯在人力资源竞争上，与实力雄厚的外资企业相比处于劣势。这是有客观原因的：首先，乐凯是国有企业，在用人机制和分配机制上不如外资企业灵活，这是体制所限；其次，乐凯总部所在地位于保定，既不是沿海城市，又不是大城市，对优秀人才缺乏足够的吸引力。在这些不利条件下，只有通过公司内部的管理创新，打破一些条条框框，为人才创造宽松的环境，才能吸引并留住人才。

乐凯除了销售公司面向社会招聘部分员工外，基本上只招收应届大中专毕业生。乐凯对人才的需求可以分为两个层次：一个层次是生产、科研、设计、营销等关键岗位急需的专业人员，引进对象是本科以上毕业生，以理工科为主；另一个层次是生产一线的骨干，录用对象是大专、中专毕业生，培养目标是工段长、班组长。

与此相应，乐凯在人才选拔上也有两套标准。招录本科以上毕业生加盟时，乐凯的基本要求是重点院校相关专业毕业，一般院校的优秀毕业生也可以考虑。在具体的标准上，乐凯最看重应聘者的学习成绩，其次是外语、计算机等通用技能。一方面，这些技能在实际工作中很有用，另一方面，外语、计算机水平的高低在一定程度上能够反映一个人的进取心。如果一个人应聘的是营销或者管理职位，那么他的社会实践经历、在校期间参加的社团活动，也将是乐凯是否录用他的一个重要参考指标。对于大专、中专毕业生，乐凯考虑的主要因素有：他的动手能力

怎样？他是否能够安心在一线岗位工作？他的人际交往能力怎样？能不能与工人融洽相处等。

近几年来，乐凯在用人机制改革上做了几件实事。比如，乐凯对中层干部实行"末位淘汰制"，即强制淘汰综合考评中排名最后10位的中层干部，为年轻人提供晋升机会。乐凯积极推行项目招标，竞争上岗，通过这种公开、平等的竞争，已经有一批青年人脱颖而出，走上了领导岗位，或者担任了科研项目的负责人。

再比如，乐凯不断改革薪酬体系，拉开员工的收入差距，技术骨干的收入可以达到一般技术人员的25～45倍，项目主持人的收入则更高。这对于激励员工起到了很明显的作用。另外，乐凯上市之后，迫切需要资本运作方面的高级人才，就专门引进了一名金融专业的博士，在工资收入、住房等方面都实行单独政策，现在他的职位是总经理助理。

如果是管理人员，那么以下条件则是必备的：首先，他应该懂某一方面的专业技术。在这里，技术的含义是宽泛的，不仅仅指工程技术，也包括财务、营销、统计等等，因为乐凯实行的是专业管理，纯粹学管理而没有相关专业背景的人并不是特别适合。其次，他应该具备管理者必备的一些性格特征，组织能力、协调能力强，有强烈的事业心、责任心，能够承受压力。第三，他必须有突出的业绩。对于中层管理人员，乐凯有严格的考核体系，从大的方面来说，分为"德、能、勤、绩"四个方面，其中所占比重最大的是"绩"，这一项大约占50%～60%。

近几年，乐凯在员工培训方面的投入逐年增大，提供尽可能完善的职业培训是乐凯吸引人才的一项重要措施。乐凯每年都制定一个非常详细的职业教育计划，这项计划既兼顾全体员工，又重点突出。面向全体员工的培训，主要采取内部培训的方式，由乐凯自己的兼职讲师队伍进行培训，兼职讲师队伍主要由公司内部的技术专家、高级管理人员以及外聘专家组成。

重点培训的对象主要是技术骨干和管理人员，培训方式是参加国内外的一些专业培训班。乐凯在北京、上海两地拥有联合实验室，与上海的高校、科研院所合作建立了科技开发分公司、与上海交大联办了一座博士后流动站，在正常教育计划之外，这些机构也起到了人力资源培训基地的作用。

【狼性管理说】

　　人才是企业最宝贵的财富，只有为企业选择、招募到合适的人才，企业才会快速发展。这一点企业管理者必须明确。

头狼的用狼之道

> 不同的狼
> 有着不同的能力
> 在一场厮杀当中
> 头狼会合理利用每条狼
> 各尽其能
> 为扑倒猎物的目标而竭尽全力
> ……
>
> ——【狼性宣言】

　　狼群的捕猎是否能够成功，和狼群的"火力配备"有着很大的关系。因为捕获猎物并不仅仅是"奔跑"的简单动作，而是需要围捕、冲杀、惊吓等多重动作努力的结果。那么哪条狼做哪项任务最能达到效果，这就需要头狼在了解群狼的基础上合理分配任务：善于奔跑的就放在需要奔跑的位置上、善于嗥叫的就放在惊吓助威的位置上……从这一点来看，一次成功的猎杀，也是头狼一次成功的"火力配备"。

狼群捕猎需要配备好火力，企业的发展同样需要如此，这就是我们经常说的企业要想发展，领导就必须懂得"用人之道"。

每个人的具体情况都不一样，身为管理者要知人善任，因才施用，因人而异，根据员工的工作能力把他们安排到合适的工作岗位上。尤其是对那些有才能的员工，要努力创造机会，让他们在各自的岗位上尽情发挥才能。只有这样，才能做到人尽其才，才尽其用。

有一位哲人说过一句话，意思大致是这样的：如果把宝贝放错了地方，那么宝贝就会变成废物；如果把宝贝放对了地方，但却没有好好地加以利用，同样也会成为废物。

每位员工都是人才，只不过所擅长的方面不同而已；任何企业都需要各种各样的人才，只要为员工提供相应的平台，他们就都会成为精英。千万不可把不同类型的人才进行对比，这不仅毫无意义，还会挫伤员工的积极性。

没有无能的员工，只有不会合理安排工作的领导。要想让员工充分发挥才能，领导者首先要了解员工的优点所在。如果你能够发现员工的优点并顺势而为，就能收到很好的效果。比如有的员工工作起来雷厉风行，有的则非常小心谨慎；有的比较善于处理人际关系，有的不爱和人打交道；有的爱闹，还有的喜静等。然后再根据企业的特点，结合员工的特长，合理地安排他们的工作。

总而言之，任何一家企业，都有各种各样的工作，善于用人的领导，都能为每个员工找到一个适合于他的位置，这是一个企业管理者的职责，更是管理者领导才华的体现。事实上，企业领导也只有根据每位员工的本性，把他们都安排在合适的位置上，才能发挥出他们的最大能量，为企业创造更大的价值。

李嘉诚无疑是华人商界最杰出的企业家，其掌控的长江实业集团也享誉海内外。李嘉诚之所以获得如此巨大的成功，归功于他的用人之道。

李嘉诚的用人之道在香港曾传为美谈。香港某周刊在《李嘉诚的左右手》一文中，探讨李嘉诚的用人之道时说："创业之初，忠心苦干的左右手，可以帮助富豪'起家'，但元老重臣并不能跟上形势。"

到了某一个阶段，倘若企业家要在事业上再往前跨进一步，他便难免要向外招揽人才，一方面弥补元老们胸襟见识上的不足，另一方面是利用有专才的人才，推动企业进一步发展。因此，一个富豪往往需要任用不同的人才……

李嘉诚用人之道非常卓越。如果长江实业的发展过分依赖那些元老重臣，就不会有现在的规模。长江实业在20世纪80年代得以急速扩展及壮大，股价由1984年的6（港）元，升到90元（相当于旧价），和李嘉诚不断提拔年轻得力的左右手实在大有关系。

如早在20世纪70年代初，长江实业的工厂分布在北角、柴湾、元朗等多处，管理人员约200位，员工2000余人。李嘉诚为了从塑胶业彻底脱身投入地产业，聘请美国人Erwin Leissner任总经理，李嘉诚只参加重大决策。其后，长江实业再聘请一位美国人Paul Lyons为副总经理。这两位美国人是掌握最现代化塑胶生产技术的专家，李嘉诚付给他们的薪金远高于他们的华人前任，并赋予他们实权。

随后，李嘉诚始终没有放弃这一策略，他先是任用毕业于剑桥大学经济系的英国人麦理思。在麦理思离职后，他又起用英国人马世民。李嘉诚从能力上肯定能够直接领导他们，但是其主要职责是为旗舰领航；而管理企业的最有效的办法是用洋人管洋人，这样更利于相互间的沟通。还有更重要的一点是，这些老牌英资企业与欧洲、美洲、大洋洲有广泛的业务关系，长江集团日后必然要走跨国化道路，聘请洋人做"大使"，更有利于开拓国际市场、进行海外投资——他们具有血统、语言、文化等方面的天然优势。乃至有评论家说："李嘉诚的人才队伍，既结合了老、中、青的优点，又兼备中西方的色彩，是一个行之有效的合作模式。"

正是凭借非凡的抱负与追求、信任并依靠企业家团队，李嘉诚一步步谱写了不朽的商业神话，同时也为后来的企业家们树立了一面光辉的旗帜。

一个国家如果不重视人才就会走向衰亡，同样，一个企业如果不重

用人才就难以发达兴旺。现代市场的竞争，归根到底是人才的竞争，赢得了人才就等于成功了一半。

【狼性管理说】

一个企业要想在激烈的商战中取得胜利，必须要有一流的企业家来制定正确的决策；一流的科技人才开发尖端产品，一流的管理人才进行监督生产；一流的销售大军来推销产品……只要能够唯才是举，任人唯贤，一定能够在事业上取得成功。

培育自己的狼才

狼崽
是未来的狼才
也是狼群的未来
从呱呱坠地那一刻开始
我们就会对它们进行培育
直至它真正成长为一条狼
······

——【狼性宣言】

在西伯利亚地区，因为狼群的总量很少，所以流浪狼的数量也很少。如果一个狼群，希望以"收留"流浪狼的方式来壮大自己，结果是相当渺茫的。也就是说，狼群要想壮大自己的队伍，就必须培育自己的小狼。所以，每当狼群中的母狼产下小狼之后，狼群总是对它们保护有加。

美国西尔斯百货创始人理查德·西尔斯认为，要让员工在某个限度内自由地发挥，哪怕他们会犯这样或那样的错误，只有秉持这样的理念，才能让公司稳步发展并踏上成功之路。

西尔斯认为，与其从其他公司挖来一个人，将他放在一个高位去管理公司中原有的员工，不如从员工中间选一个年轻人，不断地培养他、教育他，让他成长为优秀的管理者。选定某一个员工后，给他一个展示自己的机会，考验他，然后确定他的能力如何，他能做什么工作，他的缺陷与不足在哪里。只有通过这种方式才能确定他是否是一个合格的职员。在相当长的一段时间里，让这个职员在某些小事上有充分的决定权和选择的自由，然后观察结果如何。

西尔斯认为，任何一个人，只有在浪费了无数的弹药后才能将自己训练成一个"神枪手"。对于一个显示出过人才华的年轻员工，任何一个雇主都应该舍得花费金钱与精力做实验。因为从长远来看，这些付出都会有丰厚的回报。如果员工接二连三地犯错误，也没有任何积极的结果出现，那么这个员工就应该离开公司了。但是，另一方面，一旦结束了这一类的实验，确定了这个员工的能力，接下来要做的自然就是提拔他到更高的职位上，增加他的薪水了。

这种培养员工的方式其优点在于它能激发员工潜在的信心。如果缺乏信心，他就不可能成功，也不可能帮助公司成功。这种方式可以培养员工具备创造力这一品质，而创造力对于一个公司而言，就意味着贸易额和利润。

西尔斯同时认为，教育员工的指示太多危害十分巨大。指示不要太具体，这样做容易把一个人变成一台机器。当你派某个人到某个岗位上去做某一件事、履行某一责任时，永远不要对他说"就这么做"或者"别那么做"。正确的做法是应该说："去好好想一想，研究一下这件事，充分发挥你的才干。"

本着这种思想，西尔斯百货公司从未指定过任何员工必须遵守的具体的规则，而是将公务和每个员工个人的行为变成了他们独立思考、独立行动的机会。

"工欲善其事，必先利其器。"在高速发展的信息社会，新技术不断

涌现，知识竞争越来越激烈，很多企业由于疏于对员工进行培训，最终使得员工和管理人员因知识陈旧而不能胜任工作，企业因为管理理念落后而影响管理效果，最终导致了企业的失败。因此，企业要实现持续发展，就要重视培养优秀人才，进行人力资源投资；有了人才，你的企业才能如虎添翼，一路乘风破浪，赢得巨大成功。

1993年到1997年，海信与山东大学合作，组织了干部培训班，为海信储备了许多中层管理人才。1997年，海信又与山东大学联合成立海信企业发展研究中心，聘请20多位教授、博士定期对企业进行"诊断"。1998年，海信组建了自己的人才培训基地——海信学院，培训集团内部骨干人员，年教育培训投入达1000万元。

海信学院的工程硕士班、博士后工作站、MBA硕士班，已培养了大量部门主管。该学院有博士、硕士、博士后，人才济济。同时，海信还利用与高校、科研院所、跨国公司的项目合作，培养技术研发人才。

除此之外，海信还拥有国家级的技术中心，这是整个海信集团的产业孵化器和技术人才培养基地。在竞争激烈的市场环境下，当时引进的先进产品很快成为落后的产品，若自身没有开发能力，企业就没有了生存之源。

20世纪90年代的大学生充实了海信的团队，整个海信集团，技术研发人才的平均年龄不到28岁，却已担负起企业核心技术、产品的研发任务。海信空调公司总经理王士磊，上任时只有32岁。经过他的管理，海信空调在新世纪进入家电业四强，并成为国内首家"零投诉"产品。进出口公司总经理刘庆华，上任时只有28岁。集团领导层有许多人都是在而立之年上任的，他们都是逐步升入到领导层的位置上的。

海信的项目载体还为企业吸纳了大量的高素质人才，包括最近几年引进的博士、硕士和大学教授，仅在重要岗位上的大学老师就有20多位。如等离子体专家刘卫东博士，数字所所长、留美博士张建萍女士，均为引进的高层次专业技术人才。他们不仅承担着企业的重要工作，而且极大地提高了企业的运作水平。

　　周厚健说，人才是企业发展的根本。海信集团始终不渝地坚持"以学习型组织来培育人、以项目载体来锻造人、以机制优化来激励人、以缔结心理契约来凝聚人"的人力资源利用与开发体系理念。

　　海信对人才的培养有自己的认识，既可以奉献，也可以索取自己的劳动所得。要让职工认识到，他们与企业是互为一体的，企业发展好了，职工才能得到利益。依据这种认识，多年来，海信"用人、求人、育人、留人"的人力资源开发机制，为海信的发展奠定了充足的人力资本。

　　海信不仅求人，而且还育人。海信从单一生产电视机的中小企业，发展成为跨地区、跨行业的大型集团公司。所需技术和管理骨干全由内部培训而来。人才培养方面，海信同山东大学、青岛海洋大学签订了长期培训合同，对管理层进行学习培训。还与航空航天大学联合开办硕士生班。另外，每年还安排一部分科研人员出国进修。

　　为了提高员工的积极性，在人力资源的管理上，海信将企业与员工的雇主与雇员关系转变为合伙人关系。在海信，企业与员工是连为一体的，一荣俱荣，一损俱损。而且通过一些具体措施，让职工感悟到工作的来之不易。同时，充分运用分配杠杆，激励员工的主观能动性。海信用为企业创造价值的大小来最终确定报酬。对确有技术专长和管理专长的专家，分配一定的股份，使其成为公司股东，这样就能使他们的利益与公司利益紧密结合起来。同时，重用年轻的有能力者，使其进入管理层或经营层。正是依靠这种机制，长期以来，进入海信的员工都不愿离开，因为他们认为这里可以体现自我价值。

【狼性管理说】

　　对于任何一个企业来说，都不能缺少人才。特别在 21 世纪这个人才竞争、信息竞争的复杂环境，失去人才就等于放弃胜利。对于企业管理者来说，要做的不仅仅是招募外面的人才，还要发掘现有人才的潜力，进行"二次开发利用"，培养企业自有的人才。

狼性管理——企业傲然生存的狼性管理法则

灵活选择，知狼善任

不要因为狼的腿短而忽视它的嗥叫

不要因为狼声音的沙哑而忽视它尖锐的牙齿

不要因为狼短钝的牙齿而忽视它奔跑的速度

它们都是优秀的狼

就看头狼怎么去使用

……

——【狼性宣言】

头狼在使用狼群的时候，并不会对狼群求全责备，而是非常灵活地选择自己所需要的狼。比如说它需要一个善于奔跑的狼，就会根据实际情况对狼群中善于奔跑的狼进行挑选，而不会选择固定的一条。

头狼这样做的目的非常明确：合理利用自己的狼群。

对于狼群来说是如此，对于企业同样是如此。一个领导如果过于求全责备，那么在他手下，良才肯定无用武之地。在社会生活中，有作为的人往往优缺点都比较明显。因此，领导者在用人时，要注意扬长避短，万不可盯住对方的缺点不放。

多数领导者都愿意用那些优秀的人，这是人之常情。但是，每个单位都有大量的简单的工作，安排条件差的人去干，他们会全力以赴专心致志地工作，他们具有高昂的士气，能创造出很高的工作效率，而不会有自卑感、沮丧感，不会感到大材小用。因为他们有"自知之明"，对自己期望值并不高。

作为领导者，如果明确了自己需要什么样的人才，掌握了他们的特质，拟定出一套适合组织的选才标准，就不会浪费时间和精力，也降低了选才错误的可能性。

1. 建立一套合理的择人标准

管理大师彼得·杜拉克说："用人决策的成功率只有三分之一，用错人的可能性有三分之一，还有三分之一的机会是不算太好也不算太坏。为了更有把握地选择、使用人才，建立一套合理的择人标准是十分必要的。

人才浪费的倾向在国内许多公司普遍存在。过高的选才标准不仅不会明显提高生产管理效率，反而会增加聘用合格人才的难度，而且还会使人力成本增加，减弱组织的稳定。微软公司在选择人才时特别强调创新意识，他们总是千方百计地通过各种测试寻求那些"思维活跃、不拘泥于常规、有些异端"的人。惠普公司十分重视员工的沟通协调能力、组织领导能力及人际关系处理力。如果人际关系处理不好，能力再强，也不会获得提拔重用的机会。美国西南航空公司把幽默作为待客之道，因此他们在选用员工时很重视幽默感，把幽默作为员工必备的素质之一。

杰克·韦尔奇判断最佳员工的标准很简单，他将其总结为"4E + 1P"。先是要有活力（Energy）；其次是要能调动整个团队的积极性，能激励（Energize）团队的热情；第三要有果敢的决断力（Edge），在他们嘴里没有模棱两可的"也许"，只有明确的"是"或"否"；第四是要有很强的执行（Execute）能力，能够实现目标，兑现承诺；"P"是指围绕着"4E"还要有充分的激情（Passion）。

最合适的人并不一定就是能力最强的人，而是最能恰如其分做好本职工的人。可以想象，将杰克·韦尔奇放在一个部门经理的位置上，十有八九是称职的，但这无疑是一种资源浪费，而且是公司最重要的资源——人力资源的浪费。反过来，真正有能力、有抱负的人也不会在一个只能使其发挥50%才智的职位上长期呆下去。

雇用太优秀的人有时会有些麻烦。当然他们或许也是勤快的工作者，但大都会抱怨："这么无聊的工作，一点乐趣也没有。"但如果聘用不过于自负优秀的人，他们就常会心存感谢，满意自己担任的职务和工作环

境而认真工作。所以，用太优秀的人，倒不如用最合适的人。

2. 从公司的内部挖掘人才

要选择恰当的时机，仔细地挑选下属——然后在某个限度内只给他们一根松松的缰绳，让他们能够自由地发挥。

人们只能通过自己所犯的错误汲取教训，学得经验。任何一个雇主应当期望也应当鼓励自己的员工发挥积极性和主动性，鼓励他们勇于犯错误。只有通过这种方式，这些员工才能积累到经验。这种管理培育员工的方式在早期可能付出昂贵代价，但这是惟一正确的培训员工升至合适职位的方式。

3. 用人不求全责备

拿破仑用人不求十全十美，他善于扬别人的长处，避别人的短处为自己服务。按照这一原则，他大胆选择了贝赫尔作为他的参谋长，因为贝赫尔缺乏果断，完全不适合于指挥任务，但却具有参谋长的一切素质。他善于看地图，了解一切搜索方法，对于最复杂的军队调动是"内行"。这样的人，对于一切都喜欢自作主张的拿破仑来说，无疑是一位最理想的参谋长。

4. 将合适的人放在合适的位置上

人的个体存在很大差异，这种差异不仅表现在职业能力上，而且还表现在性格、价值观及职业倾向上。领导者在为下属分配任务时除了考虑岗位要求外，还应该针对并尊重员工自身的特点及优势，安排与其特点和优势相匹配的工作，给予其充分发挥的空间。

华尔街的分析师们和 GE 的投资者们一直认为韦尔奇的功绩就在于创造了全球市值最高的公司，对此，韦尔奇自己并不认同。这个通常会把一半时间花费在人力开发上的主管坚持认为，他最伟大的成就就是能够关心和扶植人才。"一大群优异的人才管理着这个公司，"韦尔奇说，"我最大的成就就是找到这些优异的人才。他们比世界上众多的 CEO 还要出色。他们每一个人都能达到目标，而且他们在这里是如鱼得水。"

他坚信他需要真正地了解这些人，这样他才能信任他们以及他们所做出的决策。"我自己并不懂如何制造飞机引擎，"他说，"我也不懂如何去组织 NBC 周四晚上黄金时段的节目。在英国我们的保险业务经受着前所未有的残酷竞争。我自己并不希望进入这个行业，但是那个给我建议的人希望我能进入这个行业，那我就充分信任他。我想，他是能够经营好并且最终获得成功的。"韦尔奇对 GE 近千名高层管理人员非常熟悉，叫得出他们的名字，知道他们各自的职责。也正因为如此，GE 的发展势头总是很猛，让其他企业望尘莫及。

【狼性管理说】

　　知人善任是领导者最基本的能力之一。知人就是要善于了解自己的部属和员工的知识水平、工作能力、家庭背景、性格类型、职业倾向、特长爱好、思想状况等；善任就是根据每个人的具体情况，进行恰当的安排和运用，使每个员工都能人尽其才。

科学配备，保持狼群高效

　　　　任何一条狼

　　　　都不会是完美的

　　　　不是不善于奔跑

　　　　就是牙齿不够尖锐

　　　　或者声音不够浑厚

　　　　头狼所要做的

　　　　就是选择合适的狼

　　　　让它在合适的岗位上承担责任

　　　　……

　　　　　　　　　　　　——【狼性宣言】

　　为了猎杀的胜利，头狼不是求全责备地要求每条狼的完美，而是合理利用每条狼的优势，把这些有缺陷的狼合理安排在合理的位置上，让它们的优势得到充分的发挥，从而奠定狼群的成功。

　　古人说："使智使勇，使贪使愚；故智者乐立其功，勇者好行其智，贪者邀趋其利，愚者不惧其死。是以前圣使人，必收其长而弃其短。"意思是用人要避其所短，用其所长。在用人大师的眼里，不管庸才、蠢材还是英才都是人才，只要用其所长、科学配备，就能让组织保持高效，获得成功。

　　在组织中，领导者不再是集权者和发号施令者，他们正逐渐向教练、顾问、推动者、支持者和服务者等角色转变，而员工被赋予更多的权力、更大的灵活性和更广阔的空间，他们有权决定采用何种方式完成任务，而不需要再等待来自上级的指令。

　　在一个部门中，每个成员的优缺点都不尽相同，领导者应该去寻找部门成员中积极的品质，只有部门中成员的才干学识和个性互不相同，合作起来才能取长补短，产生惊人的力量。成功的部门会将每一位部门成员的才华和能力转换成部门行动的丰富资源，每个成员的思想、个性、创新能力等，都是企业发展的重要因素。

　　张荣发被认为是台湾航运航空界里的传奇人物。美国《福布斯》杂志盛赞他为当代最伟大的航运巨子，他所创办的长荣集团，也被人们看做是"超级货运帝国"。张荣发既无显赫的家世背景可依靠，也无众兄弟的联手创业可借力，完全是靠自己一人，赤手空拳打下的一片"帝王"江山。

　　张荣发的成功，很大程度上归功于他运用人才、管理人才的卓越能力。他主张，公司用人应该用人所长："用人的话，他的痛、他的痒、他的好、他的坏都要看，不能只看坏的不看好的。我告诉我的高级干部，要看员工的好处，不要看员工的缺点。哪一个人没有缺点？要看他的好用他的好，不要用他的缺点。缺点可以告诉他，可以改。这样做，人人都是人才。"

　　长荣公司内部的环境十分宽松，下级如果认为自己的做法比上级高明，完全可以坚持，用结果说话。这种文化可以保持员工的个性，有助于创新。长荣公司里的市场拓展人员，有相当一部分是别的公司不能容留的个性突出的人才。张荣发认为："公司里每一个人都毫无保留、完全暴露自己的优缺点，是一件好事情。石头就是石头，金子就是金子。就像教练一样，要尽量掌握运动员的特点，并使之得到充分的发挥。做到人尽其才，物尽其用，合理安排。那样石头也罢，金子也罢，统统都会成为真正有用的东西。"

　　世上没有完美的人，也就没有完美的部门。领导可以通过了解四种类型的人，建立一支互补型部门。

　　1. 运用分析型的人

　　这类人是典型的完美主义者，绝大多数时候都是正确的，因为他们善于在事情上投入时间、思考和进行理性推理。他们追求事实，主要的优点是耐心，但这也是他们的缺点——他们小心谨慎，迟缓不前，不是出于恐惧，而是要完全搞懂问题之后再采取行动。对于这种类型的人，上司必须努力事先准备好自己的问题，不要着急，要坚持不懈；支持他们的原则，重视他们深思熟虑的思路；说清楚所有基本要求，不要抱侥幸心理，不要指望计划外好事情的发生；对任何行动计划列出时间表，明确分清角色和职责；条理清楚，做说明时不可无序和凌乱；避免情绪化的争执；不食言，否则招致他们的记恨。

　　2. 运用友善型的人

　　这类人是典型的"群居动物"，体贴别人并富有同情心。他们总是出现在人们需要和可能受到伤害的任何地方，无论过去、现在还是将来。正因为他们花时间与各方联系，他们是世界上最好的协调员。诚然，他们有自己的意见，但他们更想知道对方的意见。他们最大的优点是了解各种关系。当身处险境时，他们的反应通常是屈服。对于这种类型的人，上司首先要以行动表示出对任务和对他们的承诺。其次要对他们表示尊重，任何高高在上的态度都会伤害到友善型的人；倾听并回应，要不慌不忙了解整个情况；不要让人感到受威胁，生硬、命令的方式会令友善

型的人畏避；用"如何"提问，引出他们的意见；清楚说明要他们完成的任务；保证现有决定无论如何不会伤害、危及或威胁到其他人；对于做不到的事情，不要做任何保证。

3. 运用表现型的人

这类人是胸怀大局者，总是不断从新的视角看待他们周围的世界。他们是未来导向的人，这可能是因为在未来才没有人约束他们的宏伟梦想。如果上司想得到直截了当的答案，那么表现型的人不是最好的人选；而如果上司需要直觉和创意，那他们再合适不过了。当身处险境，表现型的人会行动狂野，主动攻击。对于这种类型的人，上司应在谈论公务时，满足他们的社会需要，愉悦、刺激他们；谈论部门目标时也谈论他们的目标；要公开透明，强硬和沉默对表现型的人不起作用；征询他们的意见和主意；注意宏伟蓝图，而不是技术细节；用他们认识和尊重的人或事例来支持自己的论点；提供特殊待遇、额外补偿和奖励；尊重他人，千万不要以居高临下的口气对他们说话。

4. 运用司机型的人

这类人是地道的"让我来"的人。他们坚定地扎根现在，是行动爱好者。他们最大的强项是：追求结果。如果想同人讨论一项工作，找其他三种类型的人；而如果想完成工作，那把它交给司机型的人吧。司机型的人可能是尖刻的自我批评者，非常憎恨闲聊。当身处险境，司机型的人会变成暴君。对于这种类型的人，上司必须做到简明扼要、直截了当、"效率"当头；不离主题、不要闲聊、杜绝任何漏洞、消除任何歧义；随时准备就绪，清楚手头任务的要求和目标，将自己的论据整理成简明的要点，清楚而又有条理地陈述事实；所提问题要具体，不要转弯抹角地探求答案；对于不同意见，要对事不对人；列举出目标和结果来说服他们；有礼貌，不要摆出上司的架势咄咄逼人。

【狼性管理说】

任何一个企业的发展，都是员工之间相互配合、能力互补的结果。只有调配好员工之间的能力，才能让整个企业处于相对平衡的状态，企业的整体效率才能得到提高。因此，企业领导者应该在了解员工能力的基础上对他们进行科学配备，切实提高企业的整体实力。

放手使用有一技之长者

牙齿尖锐的狼

就放手让它去撕咬

腿长善跑的狼

就放手让它去追逐

声音浑厚的狼

就放手让它去嗥叫

作为头狼

我所要做的

就是放手

仅此而已

……

——【狼性宣言】

在白背狼的印象中，管理狼群并不是一件非常简单的事情。因为白背狼并没有为了管理而管理，甚至在很多时候，它就好像一个旁观者，看着自己的狼群在那里追逐厮杀；就像一个经验丰富的将军站在山坡上，拿着望远镜看着自己的军队追逐残兵败将一样，既不失自己的威严，又没有多少的负担。

那么白背狼为什么能做到这样呢？它是如何成为一个"闲庭信步"的"将军"的呢？关键的一点就是它善于放手使用那些有一技之长的狼。

放手使用，就等于授权，就等于信任对方。对于狼群来说，这是信任，对于企业的员工来说，这同样是信任。对领导者来说，最重要的工作之一就是在公司与员工之间建立信任，让员工充分了解工作的价值和意义，激发员工的工作激情和创造热情，并通过职责分配、授权等给予员工体现价值、追求卓越的机会。

虽然信任对于组织及人员管理的积极作用已被许多公司实践所证明，但信任本身却是管理中最难把握的概念之一。信任应是双方的，但就公司、领导者与员工的信任关系来看，员工对于公司及领导者的信任首先来自公司和领导者对员工的信任。在这个层面上，信任可以理解为给予员工充分的自主权和自由度，放手让他们去处理一些问题，即使在不确定性的情况下或遇到困难时也是如此，同时为他们提供完成任务所必需的各种资源和支持。

以宽容和信任为基础的领导和管理模式最终获得了巨大的成功：在整个老沃森时代，IBM 公司的士气和生产率始终维持在很高的水平，而且，由于公司与员工之间的彼此尊重与信任，即使到了产业联盟时代，IBM 的员工也从不觉得有组建工会的必要，这在极为注重法律及员工个人权益的美国是难以想象的。

信任员工是许多知名公司极力推崇的文化价值观。在"新惠普之道"中明确写道"信任和尊重员工"、"珍视员工"同样是飞利浦公司所尊崇的，而摩托罗拉的公司文化正是"诚信不渝"和"尊重他人"。

实践"信任和尊重员工"的观念比接受这一观念要困难得多，许多公司和领导者虽然也能认识到这一点，但能真正做到这一点的却要少得多。卓越与平庸的领导者最本质的差别之一就是：平庸者将口号挂在墙上，而卓越者却将信念植入心中，落实于行动。

然而，在中国，信任危机却普遍存在于社会生活的方方面面。企业主与职业经理、员工之间的矛盾早已不是什么新闻，要明确地界定谁是谁非并不是一件容易的事情。但有一点已被二十多年改革开放的历史及跨国公司在中国的实践所证明：中国并不缺乏好的员工，缺乏的是能使用好员工的领导者和管理者。为什么同样一个人在惠普、在 IBM 就能100%地发挥其聪明才智，而到了某些国企、民企就成了平庸之辈，甚至被认为是道德败坏者？"他们对员工的管理基于一种所谓的坏人假设，我们这些经理作为外来者，从来都没有被信任过，从来就是有责无权。无论做什么事情，他们总是从坏的角度来怀疑你的动机。在这种情况下，我们还能做什么呢？他们又能让我们做什么呢？"一位从一家民营公司辞职的经理人说起他的失败经历时显得无可奈何。

管理者其实很像一个指挥比赛、同时给大家鼓劲打气的教练：他指导球队前进，要求严格，也尽量把自己的看家本领传授出去，以促进运动员的成长。在比赛进行时，坐在场外的教练必然能为运动员团结合作的精神和杰出的表现感到欣慰。

中国台湾的奇美公司以生产石化产品 ABS 而位居全球行业首位，可是公司董事长许文龙对于公司内部大大小小的事情都不过问，自己也从不做任何书面指令，就是偶尔和主管们开会，也只是聊聊天、谈谈家常而已。更让人感到奇怪的是，他在公司里连一间专门的办公室都没有。

有一天下大雨，许文龙决定到公司去看看。当他到达公司后，员工看见他都惊讶地问："董事长，没事你来公司干什么？"他想了想觉得很有道理，于是，便一溜烟地开车走了。

像许文龙这样的管理者就是聪明的管理者。因为他懂得正确地利用员工的力量，发挥协作精神，为公司创造业绩，同时也有效地减轻了管理者的负担。

有些事情应该让你的下属去做决定；要不断地向上级请示才能做出决定的下属肯定不是好的下属；你的下属往往比你更了解实际情况，所以在很多情况下比你更有权做出决定；即使偶然做出个别不正确的决定，那也没有关系，他会从错误中得到教训，变得更加聪明；一名管理者，不可能控制一切；你协助寻找答案，但本身并不提供一切答案；你参与

解决问题，但不要求以自己为中心；你运用权力，但不掌握一切；你负起责任，但并不以盯人方式来管理员工；你必须使下属觉得跟你一样有责任关注事情的进展。

实际上，团队里的有些事务并不需要你的参与。比如，员工完全有能力找出有效的办法来完成任务，而用不着管理者来指手画脚。也许领导者确实是出于好意，但是员工们可能不会领情。更有甚者，他们会觉得管理者对他们不信任，至少他们会觉得领导者的管理方法存在很大问题。当出现这种情况时，你应当学会如何置身事外。这里有一个小小的窍门：在你决定对某项事务发布命令之前，你可以先问自己两个问题："如果我再等等情况会怎么样？""我是否掌握了发布命令所需要的全部情况？"如果你觉得插手这项事务的时机还不成熟或者目前还没有必要由自己来亲自做出决定，那么你应当选择沉默。在大多数情况下，事实上也许根本不用你费心，你的员工就会主动地弥补缺漏。

某大公司首先选定了董事会秘书、总裁助理、总经理助理、总经理秘书及企业策划人员等进行了激励措施的实施。激励措施确定了以下实施原则：减少控制，但管理责任不变；增加个人对本员工作的责任；给员工一个完整的工作任务（项目）；对员工自己的工作活动授予更大自由度；安排难度更大的新任务；给员工创造专业的工作与个人发展途径。

从表面看，这些精挑细选、训练有素的白领们所完成的工作必然是非常复杂和具有挑战性的，但实际上这些人的工作都是职场中屡见不鲜的文秘、沟通联络、方案撰写等内容，而且他们的工作态度和业绩平平，于是，公司采取了以下措施：

·改变以往上司对员工各类文件大包大揽、吹毛求疵式的校改与审核，上司只进行框架式的审核，员工具有一定自主权并对文件负责，对经验丰富、能力较强的员工，上司只对其少数极重要文件进行审阅，其他一律直接呈送。

·改变以往所有疑难甚至一般问题都向上司请示的工作方式，员工在向上司请示之前，可以就有关问题咨询一些专家或同事，并独立形成完整思路，上司只进行必要的思路调整与工作指导。

·改变以往所有文件均由上司签字的工作方式，部分文件由员工个人签发。

·改变以往上司像碎嘴婆婆一样的叮嘱、催促，员工对自己每天、每一项工作的进程拥有一定自主权。

·改变以往上司承担各种文件质量与准确性责任的做法，每个员工对自身的工作成果负责。

·改变以往文件、方案撰写中"八股文"式的固定与僵化模式，除少数必要的格式外，鼓励员工以个性化方式撰写。

以上措施看似平常，然而却在"润物细无声"中带给员工全新的心理体验，让他们充分感受到了尊重、信任、责任、创新和更多的工作乐趣与价值。在这些激励措施中还体现了分权管理、组织扁平化、管理职能创新等很多激励员工的有益尝试。实施了这些激励举措后，经过一段时间，员工的工作态度与业绩有了明显改善，业绩持续提升，各类文件质量有了明显的提高，准确性与及时性也大大加强，员工在言行中对工作的喜爱程度也在明显提升，员工得到有效而持续的激励。

【狼性管理说】

在企业管理中，对于真正有能力的员工，千万不要缩手缩脚，不敢授权。放手使用或许能收到更加良好的效果。当然，这样做的前提就是取得对方的信任，并且随时随地给予肯定和鼓励。

加强培训，提升狼群能力

我们的威力
总是在猎杀中体现的
我们的能力
总是在猎杀中训练的
把猎物当成工具
把猎场当成训练场
这样的我们才能真正成长
……

—— 【狼性宣言】

任何一条狼都知道，猎物不会主动送到自己嘴边，它们所要做的就是通过自己的努力把猎物击倒。那么狼群该如何努力呢？对此，白背狼有一个途径：实战猎杀。

每当狼群中的小狼崽长大到能够跟上狼群的时候，白背狼就会带着它们去猎杀。虽然这个时候，这些小家伙并不能够帮上什么忙，但是，白背狼还是愿意这么去做。因为它需要的是让这些小家伙在一系列的实战猎杀中学习到本领，以便有一天真正走上猎场的时候，知道自己该怎么去做。

当然，对于这些小狼来说，这就是一次次的培训机会，从这些猎杀的实践场合，它们明白了猎物的习性，也看到了前辈们的动作，学习到了猎杀的技巧。这样，在真正成年的时候，它们就能够充分发挥自己的潜力，壮大狼群了。

企业里的每个人都应该发挥他最大的潜力，使企业繁荣发展，因此，给每个人适当的训练是绝对必要的。

自从邵逸夫的《江山与美人》在香港一炮打红之后，港产影片在香港真正站稳脚跟。随着港产片的热潮一浪高过一浪，邵逸夫感到只有拍出大量好的国产片才能满足观众的需要，但是公司已经是心有余而力不足了，因为需要大量制片，需要有更多的剧本，更多的演员。邵逸夫发现，能够找到好的人才承接新任务不容易，于是决定设立培养班，自己培养人才。

当时，邵氏影城每年计划出品 42 部影片，约占全港影片的一半。为了挖掘和培养人才，邵逸夫举办了"南国演员训练班"，培养了大批新人。像李菁、何莉莉、郑佩佩、井莉、秦洋、方盈、王明、岳华等电影界中坚分子都是在邵氏影城中培养出来的。

有了人才，邵逸夫如虎添翼，一路乘风破浪，赢得了巨大的成功，终于建成了自己的"邵氏王国"。

然而，许多领导者认为，培养员工在团队中属于重要但不紧急的事。在这样做会造成恶性循环：部属愈是能力不足，领导愈是不敢授权，结果造成领导更忙，部属帮不上忙的现象。

还有一种情况是，很多领导者为员工布置具有挑战性的任务或是派员工参加培训，试图以此达到培养员工的目的。领导者的理想是培养既有效率又有创造性的员工，但是到了实践中，他们的策略有可能是任其沉浮，任其发展：把员工扔到波涛汹涌的水中，最后的生存者就是最终的胜利者。他们的前提是，最好的员工和那些能力上已经有所发展的员工总会像油一样浮在水面；如果他们不能在这个适者生存的环境中做出良好的表现，自然也不值得他们去拯救。

一些领导者喜欢说："不要告诉我过程，我只需要结果。"说这句话的时候领导者的姿态确实很酷，而且这句话本身听起来也很有个性，很有风度，也能使领导者的尊严彰显无遗。然而，如果员工没有完成任务的思想、方法、技巧和资源，再多的人，再严厉的命令都无济于事。作为一个领导者，除非致力于培养自己的员工，否则你自身的领导力也会大打折扣。

培养他人无疑是一项系统工程，要获得较好的效果，就必须坚持一些基本原则。

1. 保证培训活动的持续性

为了充分挖掘和利用部门的潜能，领导者必须放弃把培养员工视为权宜之计的想法。要达到卓越，就必须保证培训活动的持续性。

培训作为一种核心的管理手段，不仅有助于实现绩效的目的，而且还有利于创建一个责任共担的有效团队。管理者需要和员工协同合作，只有这样，才能提高员工管理整个团队所必须的技能，因此这个过程必然会带来整个部门能力的提高。反过来，作为团队成员，员工要参与部门管理首先需要具备一定的能力，这就提出了开发需求，要求部门为他们提供一个施展技能的机会，同时也为团队成员提供多种潜在的绩效反馈来源。通过这个周而复始的循环过程，整个部门的能力也不断得以强化。

2. 要针对性地培养员工

培养员工最重要的目标在于激励每个人的自我成长和发展。但是不同的人具备的知识、能力是不同的，而且他们未来的成长和发展方向也存在着巨大差异。也就是说，每个人需要增长的知识和技能，以及适合的培养方式并不完全相同，指望一劳永逸，以一种方式让所有人受益是不可能的。

强调针对性地培养员工，除了一般性的指导和训练外，给员工布置具有挑战性的任务以及建设性的批评，不仅有助于员工的发展，也是他们所希望的。针对性地培养员工最有效的途径是：在提高员工承担管理技能的同时，满足他们对挑战性和个人发展的需求。这种相互协调的发展观对于绝大多数部门来说都是至关重要的，因为很少有领导者有这样的勇气，让员工去承担本应由自己承担的责任。

3. 做员工和部属的好导师

做导师的主要目的是促进员工职业生涯取得进一步成功。做导师和做职业辅导不同，导师需要源源不断地就组织目标与经营观为员工提供信息和见识，教导员工如何在组织内发挥作用。此外，在员工遇到个人危机时，领导者还要充当其知己。

【狼性管理说】

企业要想加速发展，领导者首先应该对员工加强培训，提高员工的工作能力和执行能力。只有员工能力上升了，企业的效率才能上升、利润才能提高、企业才能发展。这是一个良性的循环，而循环的开始就是对员工加强培训。

让群狼在猎杀中成长

猎杀

是我们生存的全部

只有在血淋淋的猎杀中

我们才能获得成长

除此无他

……

——【狼性宣言】

狼群只有在血淋淋的猎杀中，才能获得能力的提高；企业的员工也只有在真刀真枪的实干中，才能获得工作能力的提高。可是遗憾的是，很多企业的管理者总是对自己的员工不够信任，不敢让自己的员工真刀真枪地去干。几年下来，员工的能力没有得到提高，企业自然也就无法获得发展。

在企业的管理中，管束员工并不是一个好的选择。不要对每一个部属都施予一样的管束，要知道擅长创造思维的人才，喜欢在一个能让他有充分自主权的环境中工作，这样他们就能有充分的自由，越过一般的

条条框框，去做一些从来没做过的事情，实践自己的一些想法。这就要求企业对这些人才多一些"放任"，让他们大胆尝试，自由发挥，这对于企业只有益处没有害处。在这一过程中，企业要及时了解他们对环境的需求和想法，尽力提供有利于其施展才能的环境。

安达总经理吴云民说，一个企业的总经理管的越细，这个企业就越没有希望。他认为，作为一个企业的老总，重点抓好两件事：一是决策准确；二是给属下创造一个宽松的环境，使每一个人才有职有权有责。

可以说，吴云民的这种认识，是建立在他手下有一批高素质人才基础之上的。因而，又有了他用人的两条原则：第一是敢于用；第二是放手用。

吴云民放手用人，不仅体现在让人才自己大胆地去开创各自工作的新局面，而且还在于让人才履行职权职责，参与和制约总经理的决策。一次，有个单位想与安达合作一个项目，安达投资 100 万元，每年回报 40 万元，吴云民已经同意。但在公司投资管理部进行可行性研究时，发现这个项目存在一些问题，仍提出了不同意见。当吴云民认真仔细听取了投资管理部"高参们"的意见之后，决定撤销这个合作项目，并亲自去向对方解释因由。

再有本事的领导人也不能独撑大局，这对于事业和个人都是危险的。领导者的主要职责无非是选人用人。选好人才，用好人才，领导者自可无为而治；倘若事无巨细都揽在自己手里，人才的作用得不到有效发挥，长此以往只能以失败告终。

1. 让员工自己去面对

当员工无法对付某个问题而感到苦恼时，身为领导者不妨以个人的经验为员工提供一些方法。然而，许多情况往往在开始时便弄巧成拙。领导者虽想用温和的方式传达给员工，但是语气上却隐含命令的意味，那么员工表面上也许接受，心里却未必服气，因此这一点必须特别注意。要知道，当员工因为不知如何做而感到闷闷不乐的时候，领导者如果趁机在一旁干预，对于员工而言，或许意味着对他们不信任。

在此情况下，领导者不妨对员工表示："如果是我，我将这么做，你呢?"以类似的做法来指导员工，不但可保持自己的立场，也可将意见自然地传达给员工。这样，领导者说服的目的便达到了。领导者若直接表示自己的方法，则无法让员工真正学到工作的实际技巧。

如果领导者能够指出多种方法，让员工自己有机会加以思考，员工一方面会认为领导者是给自己面子，另一方面则将提高对领导者的信赖感。

很多员工都有这样的体会，与企业领导相处时，总会感到紧张不安，想让企业领导者高兴却不知如何做才好；当企业领导者离开时，他们会轻轻地嘘一口气，并开始真正感到自由，反倒能全身心地投入到工作之中，能更好地做出决定，并从中找到乐趣了。

离开员工是检验企业领导者是否成功的最好方式。有时候，领导者不妨故意制造这样的机会，这样一来，将会意外地发现员工的潜力。如果你已经能够培养员工按照你所信任的方式去做，如果能让他们真正承担起自己的责任，如果能让他们自主行事，那么，当你不在的时候，所有一切照样可以圆满而成功地完成。

2. 多给下属表达想法的机会

作为领导者和上级，发言的机会总会比下属和一般员工多得多。虽然也有不少领导者提倡和鼓励下属和员工表达观点、提出意见，但在大多数情况下，说话最多的还是那些高高在上的领导者。其实不止是开会，即使是一对一面对面的沟通，说话更多的往往也是上级而不是下属。

因此，一方面要尽可能多地为下属制造发言的机会，另一方面对于他们的发言，一定要认真聆听。这样你不仅可以从下属和员工那里获得最直接的第一手情报，而且，认真倾听下属的谈话表达了你对他们的肯定，从而使他们获得心理上的满足。

3. 敢不敢挑战高薪能看出下属的实力和勇气

长久以来，中国人一直以谦虚为美德，不善于或不敢将自己的才能

表现和展示出来。随着改革开放，与外界尤其是与西方文化的交流日益增多，人们的一些观念也有了很大的转变。

此种变化在人才招聘上也表现得很明显。在北京大学校园里，曾有这样一则广告：诚聘具有网络背景、熟悉互联网、具有一定的管理能力、英语六级、硕士博士优先，月薪要求低于1.5万元者免谈；熟悉三维动画设计的美工人员，月薪要求低于6000元者也免谈。这则广告引来了众多的应聘者。一位应聘者如此袒露心迹："我敢来应聘，是因为我对自己有充分的自信，否则我不会来。该企业敢提高工资，对应聘者来说，具有一定的挑战性。"

某科技企业负责人说："敢要高工资，至少说明他有能耐、有勇气。互联网时代，只有那些浪潮前的经理才是真正的成功者，跟在浪潮后面的人永远不会有出路。互联网上的规则是'第一名可以成功，第二名可以获利，第三名可以谋生，其他的只好靠边站'。我们需要的是有才能和勇气的人。"

4. 将责任和职权下放

卓越的领导者只向员工下达工作目标，其他细节部分则交给员工自行处理，这是一个让员工发挥能力的好机会。

【狼性管理说】

要想让员工把职业当成事业去做，领导者就必须让员工真刀真枪地干，尝到其中的甜头。领导者只有真正放手让员工去做，员工才能真正沉浸在职业之中，尽心尽力地完成工作，最终和企业一道走向成功。

狼性管理
LANGXING GUANLI

第六章

人本管理——狼群最可贵的是群狼

对于一个狼群来说，最重要的不是头狼，而是群狼；对于一个企业来说，最重要的不是领导，而是员工。企业作为一个动态的、开放的技术经济系统，人是最积极的因素，是企业活动的主要承担者。应该说，企业为人的需要而存在，为人的需要而生产，企业的发展要依靠全体人员的智慧和干劲，充分发挥每个人的积极性和创造性，离不开现代企业所倡导的人本管理。

从狼群收留的一条狼看到的企业管理

生存的艰难

让我们知道力量的可贵

在寒冷的西伯利亚

任何有力量的狼

我们都会欢迎

不问过去

不问出身

只要你有足够的力量跟在猎物后面奔跑

……

——【狼性宣言】

此时的白背狼群已经有了十一条成年狼，可以算是西伯利亚地区一个比较庞大的狼群了。这个庞大的狼群还在壮大，就在白背狼群"兼并"了另外一个小狼群之后不久，它又收留了一条到处"流浪"、濒临饿死的孤独之狼。

我们曾经不止一次地说过，在狼的世界里，孤独等于死亡。所以，这些狼不会轻易离开狼群，独自流浪。白背狼群收留的这条成年狼为什么会独自流浪以致于濒临死亡呢？事情还得从隔壁狼群的"头狼之争"说起。

西伯利亚的冬天很快就要过去了，春天就要来了，对于狼群来说，这是一个骚动的季节，只要头狼稍微有"不中用"的迹象，狼群中的年轻公狼就会蠢蠢欲动，欲和头狼一比高下，以便获得"领导权"和狼群的"生育权"。这是最原始的冲动，也是最原始的欲望，任何一条公狼都避免不了。

可遗憾的是，这条年轻的公狼失败了，并且遭到了最严厉的惩罚：被头狼赶出了狼群。现在，虽然冬天即将过去，可是冰雪还未完全融化，食草性动物还没有向北迁徙来到这里，对于一条狼来说，捕食是相当困难。自从这条狼离开原来的狼群之后，已经有将近一个星期的时间没有吃喝，如果再找不到落脚点，它很快就会被饿死。

幸运的是，它找到了白背狼群英明的头狼——白背狼。在简短的"互致问候"和"俯首称臣"之后，白背狼决定收留它，并且带领狼群，为它找了一只羚羊作为"欢迎礼"。

白背狼的狼群已经不小了，为什么还要不断地壮大？原因很简单，要想在这个世界生存，就必须有足够大的力量。当然，头狼的力量是有限的，它需要的是狼群的力量，狼群越大，生存的希望也就越大。

当然，这个道理不仅及适用于狼群，同样也适用于现今的企业。企业要想发展，就必须招揽足够多的有才之士为自己所用。

如何才能招揽足够多的有才之士呢？关键就是重视对方的个人价值、营造一个良好的工作环境、给予对方人性化的管理。

在现代企业里重视员工的个人价值理念，日益引起了企业管理者的注意。也有一些领导者却依然确信，凭借手中的权杖就可以在员工中起到呼风唤雨的作用，让下属怎么做，他们就会怎么做。但是，在崇尚"人性化管理"的今天，权杖的挥动，只会招致下属的不满甚至是对抗。好的领导者绝不会凭借手中的权力去操纵下属，而是乐于与下属沟通、善于激励下属的士气、积极引导下属进行开创性的工作。

越来越多的人的工作目的不单是为了赚钱，他们更喜欢具有平等、互相尊重的企业氛围，在这样的企业中，领导者和员工之间、同事与同事之间的友好和支持性的人际关系，会提高员工对工作的满意度，会使大家并肩工作，使工作更加有效率。

有远见的管理者懂得"爱员工，企业才会被员工所爱"的道理，因而采取软管理办法，创造出了若干员工与管理者"家庭式团结"的神话。

重视企业的"家庭氛围"，就可以在员工与企业之间的"情感维系纽带"方面取得丰富的经验。

【狼性管理说】

只有懂得欣赏员工的领导才会被员工欣赏，只有懂得团结员工的企业才能获得发展。对于任何一个企业来说，只有牢牢把住"员工"这根稻草绳，才不会在波涛汹涌的商潮中迷失方向、翻船丧生。

重视狼群的嗥叫

我们是猎杀的工具
但不是猎杀的机器
我们也有自己的想法
所以我们嗥叫
我们伟大的头狼
总是在这个时候来到我们身旁
加入我们
一起嗥叫
让我们的宣言划破长空
······

——【狼性宣言】

在任何一个狼群中，头狼都会和群狼进行沟通。当然，它们的沟通方式并不是人类常见的"座谈会"，而是"群嗥会"，即头狼和所有群狼一起，无休无止的嗥叫。这种场面既壮观，又有着一种莫名的温馨与和谐。

在充满活力的企业中，管理者都要求员工积极地说出自己的想法，每个人都可以进行争论，并且能够毫无顾忌地交换意见。要做到这一点，管理者本身要摒弃官僚风气，敞开胸怀，勇于接纳别人的意见。这样，每个人都能够全身心地投入到目标与议题中来，从而促使议题得到全面、及时的解决。

有的管理者决策时不喜欢听来自下属和专家的不同意见，反面意见就更不用说了。分析其原因，首先是怕受到各种不同意见的干扰，使自己无法做出决策，其次是担心下属和专家们提意见时没有考虑后果，毕竟为决策的后果承担责任的是他自己。

事情是大家一起做的，如果管理者独断专行，就很有可能犯大错误。锐步公司就曾因管理者的独断专行吃过大亏。

1993 年，锐步公司研制出极受市场欢迎的气垫鞋，在女鞋市场上超过耐克公司暂时一统天下。按说锐步公司完全可以巩固自己在女鞋市场的霸主地位，与耐克公司在体育用品市场上平分秋色。然而，锐步公司的董事长法尔曼却错误地估计了形势，独断决策，要与耐克公司争夺体育用品和男子运动鞋市场。

公司召开了许多集体会议，很多部门经理勇敢地提出意见，理由是凭锐步公司当时的知名度和实力，还无法在男子运动鞋市场与耐克抗衡，而且在新产品的设计和开发方面，耐克终归略胜一筹。

但是，法尔曼根本就听不进去，他固执己见，不肯改变最初的决定。法尔曼重用穆勒，并由其负责设计和开发工作。在穆勒的一手策划下，锐步公司与许多著名球星签约。从表面上看来，这对提高锐步公司的知名度有好处，但许多消费者认为此举毫无新意，完全是步耐克公司的后尘。更糟糕的是，由于锐步公司为签约名人支付了高额的费用，从而使公司的生产成本急剧增高，管理费用在营业收入中所占的百分比由两年前的 24.4% 上升到 32.7%。

危机已经显露出来了，如果此时采取果断措施，还为时不晚。公司内部出现了很多反对的声音，比较集中的有两点：一是更换喜欢说大话却从不务实的穆勒；二是顺应市场的需求，开发高价位的运动鞋。遗憾

的是，法尔曼对这两点都置之不理。

1994 年，耐克公司潜心研究多年的可视气囊运动鞋终于问世了，尽管这种鞋定价颇高，但恰恰迎合了人们内心对高品质运动鞋的需求，所以刚一投放市场就迅速火爆起来。相比之下，尽管锐步的产品价位比耐克低好几十美元，却备受冷落。

到了 1995 年，耐克公司已抢占了锐步公司的大部分市场。更令法尔曼痛苦的是，公司一半以上的设计人员和部分销售、开发的经理，因不堪忍受法尔曼的独裁，相继离开了锐步公司，其中还包括曾经深受宠幸的穆勒。

众人拾柴火焰高。作为一名企业领导者，在经营环境错综复杂的当今，如果不集思广益，听不进下属的意见，拒绝集体智慧，注定会走向失败。

其实，在我们身边总有各种不同的意见，作为决策者，最重要的不是一定要拿出什么与众不同的看法，而是要从各种建议中筛选出正确的一个。

作为决策者，有主见是应该的，但过分固执和独断就成了刚愎自用。所以说，凡事都有个限度，一旦超过了限度就应了那句老话："过犹不及，自食苦果。"

及时感谢员工的建议，鼓励员工更积极地说出自己的意见，可以使员工化被动为主动，从而更好地发挥出自己的能力。

1. 鼓励员工积极说出自己的看法

很多成功的企业都想方设法鼓励员工提建议，他们对员工的各种建议或意见积极倾听、及时采纳，这不仅可以有效地提高企业的工作效率、改进企业的各项工作，而且极大地激励了员工的主人翁精神。

如果企业的每一位员工都能积极地为企业的各项工作提建议，那么至少可以说明员工对企业的工作抱着积极的态度，他们具有极强的责任感和主人翁精神。如果建议得到了采纳，那么员工会感到自己受到了尊重，对工作会更加积极。对企业来说，由于员工天天在基层岗位上工作，离市场或生产最近，往往比那些高高在上的领导者更能看出真正的问题在哪里，也能看出领导者也许永远都找不到的解决问题之道，因此更应该积极鼓励他们为企业的发展出谋划策。

但可惜的是，很多领导者在这方面都有所欠缺。不仅是中国，即使是美国，也只有41%的被调查员工相信，公司会倾听员工的意见，平均下来，员工一年只提一两个建议。但是日本就不同了，日本员工平均每年给他们的雇主提出数百个建议，雇主也要求员工在家里、在车上都要想问题，他们把合理化建议说成是"把毛巾再拧出一把水来"。这不仅使企业从合理化建议中获得利益，更重要的是，调动了广大员工参与企业管理的积极性和主动性，增强了员工对企业的感情。

2. 保护员工提建议的积极性

要想鼓励员工积极为企业提建议，对员工的建议如何处置就至关重要。如果员工大着胆子为企业的某项工作提出了自己的建议，领导者却置若罔闻，使意见不知不觉中就没了下文，那么这名员工以后就不可能再为企业提出任何建议了，因为他的积极性受到了打击。所以，领导者要想使提建议成为激励员工的一种方式，就要对员工的积极性进行保护，这不仅可以对该员工产生激励，同时也鼓励了其他员工。

3. 对员工提出的建议表示感谢

无论建议本身如何，只要员工提出了建议，领导者首先应尽快对员工表示感谢："没想到你会想出这种办法，你很认真，真不错。""谢谢你能这么细心地考虑问题，这个建议很好，我们一定认真考虑。"当然，只是口头感谢还远远不够，还应尽快拿出实际行动，对员工的建议仔细考虑、论证，如果确实可行，应及时采纳，尽快实施，同时通知该员工，他的建议已经得到了采纳。此外，公司还应该根据建议实施的效果，适当地对员工进行奖励。

狼性管理——企业傲然生存的狼性管理法则

　　面对员工的意见和建议，管理者不能以任何形式、任何理由进行埋没，更不能视而不见。要知道，员工之所以会提出意见和建议，就在于他们很在乎这份工作、很在乎这个企业的发展，对于企业来说，这是天大的好事，管理者为什么要将它扼杀呢？

让群狼做狼群的主人

　　　伟大的头狼

　　　必不可少

　　　但是

　　　一个伟大的狼群

　　　最重要的

　　　是我们这些群狼

　　　而不是头狼

　　　我们

　　　才是狼群真正的主人

　　　……

——【狼性宣言】

　　如果问狼群里面谁是最重要的，或许很多人都会毫不犹豫地说头狼是最重要的，因为头狼是这个狼群的首领，如果失去了首领，那么狼群也就成了一盆散沙。那么事实是不是如此呢？很显然不是，一个狼群，最重要的并不是头狼，而是群狼。头狼是领导者、是首领，但是狼群中最终的执行者是群狼，而不是头狼。只有群狼执行得好，狼群才会有发展。

同样，在一个企业里面，最重要的并不是领导者，而是全体员工。对于员工来说，每个人内心深处都有一种渴望得到领导重视和关爱的心理。在员工们看来，地位上的差异能够接受，但在感情上却希望自己的贡献和价值能够得到认可。一旦这种希望得到满足，他们的工作意念和干劲就会爆发出来。

CA 集团总载王嘉廉没有老板的架子，与员工在一起常常不忘幽默或自嘲一番，他还时不时有些轻松的小动作，例如会拍桌子叫好，会突然唱起歌，或把卫生纸揉成一团，以投篮的方式丢进垃圾桶。这些小动作及言语表现出极强的亲和力，同时他的表情丰富，善于运用肢体语言。这种特殊又毫无章法的亲和方式，使他周围的人自然地产生效忠力。

王嘉廉的幽默即使在正式的场合也运用自如。在 1995 年信息高速公路的演讲中，他说："我从未见过任何科技出过这么大的风头，每个人都在谈论它，从电脑刊物到晚间新闻，甚至我 76 岁的老母亲——她对个人电脑着迷，并常在国际互联网上搜寻新的事物——她也常常指导我如何做生意，不过那又是另一回事。"这番话使得台下的 CEO 们都忍不住大笑起来。

CA 员工的团队精神、凝聚力及对王嘉廉的死心塌地多半源于他对属下颇具人情味的关怀。对此，CA 资深副总裁麦可深有体会，他曾是打破王嘉廉鼻子的"祸首"。那是一场篮球赛上发生的意外，当时他刚到 CA 不久，心想一定要被开除了，没想到在医院里王还跟他开玩笑。结果麦可不仅没被开除，还因其后来的优秀表现被屡次提升，于是才有了"鼻子被打破，员工被提升"的趣事。

台湾出生的 Jean，只是一名普通的电脑程序员。她说："一次，查尔斯（王嘉廉的英文名字）、东尼（王嘉廉之兄）和我在电梯内，查尔斯向东尼介绍我，我发现他对我的工作及个人状况相当了解，这让我产生了一种被重视的感觉。一次闲聊中他还问我是否会做烧冬瓜，后来真的收到他自家后院种的一只巨无霸冬瓜。身为大老板，这些小事他可能记不得了，但对我来说却非同寻常，你会觉得没有像奴隶一样被对待。人与

人之间，除了金钱，还有很重要的东西——就是情感。"

同样身为华裔的林女士说："查尔斯比我们的直接上司还容易相处。他知道你是谁，关心你的生活，他能照顾到每一个人，这真是很不容易。我的一些朋友在大公司做事，上层管理人员知道员工名字的很少。而查尔斯不但知道关于你的一切，还和你轻松地开玩笑，这是很令人开心的事。"在被问及员工忠诚度时，王嘉廉强调："忠诚是一种美德，任何机构，无论是政府还是企业，均需要忠诚的员工。在这方面 CA 也尽力创造条件，令员工满意。首先，强化员工对其自身价值的认知，即在 CA 无论干什么都有自己的价值，这会令员工很有成就感；其次，给员工最好的薪水，CA 员工的薪水比一般公司要高；最后，让员工感到快乐，只有快乐，才能干出漂亮的工作。"

作为管理者，应该多花一些精力去关心一下自己的下属。其实，管理者只要时刻抱着关爱员工的信念，就会发现，一切都可能是你获得员工信赖和支持的途径。

1. 在控制人心上下工夫

我们知道，大多数人都有一种"你敬我一尺，我敬你一丈"的心理。作为管理者，如果能在人性的这种特点上做点文章，收效将是令人满意的。管理者要想让自己的企业蒸蒸日上，蓬勃兴旺，就一定要在控制人心上下工夫，下工夫要虚实结合，既唱高调，又哼小曲儿。尤其对那些知识分子，有一位珍惜他们的付出，又善于体恤他们的管理者，将会激发出他们的源源不断的激情。

松下幸之助从长年积累的经验总结出这样一条管理心得："一方面要管理得当，不挫伤大家的上进心，同时，又要表示出自己对大家的关心；还要在下了一道指示命令之后，自己也投入到职员中去，跟大家共同分担责任，这样才能获得大家的信赖。经营者只有取得职员的一致信任，事业才有前途可言。"

在松下成功的管理经验中，其中最突出的一点就是掌握人心的功夫。他深知凭权力地位激励员工，所得功效很小，只有用诚意去取得员工的敬意与信任，员工才会一律忠诚地跟你合作，事情才会顺利进行。

松下电器的各种产品，在正式推出市场前，松下幸之助总会自己试用多次，并对研究人员和生产负责人提出很多疑问，务求做到最完美。

当电饭锅部门推出一款新产品时，他叫人用新型电饭锅在董事会议室煮饭，叫了些菜回来，与董事们一同试吃新电饭锅煮出来的芳香米饭。

松下幸之助吃过第一碗饭后说："这样喷香的白米饭，真叫人开胃。"说完又添了一碗饭。这一情景使在场的工作人员非常感动，得到了无上的欣慰与鼓舞。

2. 对员工的关爱从细节中体现

善于激励员工的管理者，总是从点滴做起，让下属在不经意间感受到领导者的关怀和无限的温暖。

曾任松下电器集团总裁的山下俊房说，松下幸之助退出管理最高职务后，曾以松下企业集团最高顾问的身份，到马来西亚访问。当时，松下机构在马来西亚开设有四间厂房，由于行程上的安排，松下只能到其中的三家厂去视察。在离开马来西亚之前的饯别会上，松下幸之助给四家厂的代表赠送纪念礼品。他问："你们四人之中，哪一位是来自我没去拜访的工厂的代表？"

一位代表站了出来。松下幸之助带着歉意对他说："我从老远的地方来，可惜抽不出时间到你的厂去拜访，请回去转告大家一声，说我很抱歉。"

松下对员工表现出来的关爱令人感动，作为一个日理万机的大老板，不仅亲自去拜访自己的下属，还惦记着没来得及去拜访的员工，并诚恳地表示出自己的歉意，试想，哪一位员工不为这样的老板卖命？

其实，一些小事足可以折射出管理者品质的整体风貌，大家会通过一些小事去衡量、评判。小事往往是成就大事的基石，这两者之间是相互联系，相互影响，相辅相成的。管理者要善于处理好这两者之间的关系，使两者相得益彰。

【狼性管理说】

要想让你的员工死心塌地地为企业付出，管理者首先要意识到员工对于企业的重要性。只有员工能让企业赢得生存、获得发展。很多企业的管理者正是没有意识到这一点，让企业走了下坡路。

关注狼群的情感沟通

谁说我们残酷无情

谁说我们嗜杀成性

在悲伤的那一刻

在感动的那一时

我们

依然会流下属于我们的眼泪

为了我们的兄弟姐妹

为了我们伟大的头狼

对于我们来说

这

也是一种内心的沟通

……

——【狼性宣言】

狼群中的群狼之所以会以一种和谐的方式生存，很关键的一点在于，狼的内心也有情感，当然这种情感仅仅是针对狼群本身而言的。再嗜杀成性的动物，只要具备了情感，一切都将变得和谐。

狼群如此，企业亦是如此。

我们常听到"公司的成绩是全体员工努力的结果"之类的话，表面上看起来是管理者非常尊重员工，但当员工的利益以个体方式出现时，管理者会以企业或全体员工的整体利益加以拒绝，他们会说："我们不可以仅顾及你的利益"或者"你不想干就走，我们不怕找不到人"，这时员工就会觉得"重视员工的价值和地位"只是口号。显然，如果管理者不重视员工感受、不尊重员工，就会大大打击员工的积极性，使他们认为工作仅仅是为了获取报酬，从此大大削弱积极性。

从现代管理的角度看，情感沟通就是"感情投资"，是建立企业的"人情场"，它是协调企业良好人际关系的最佳方式。具体地说，就是企业的领导者通过一系列能够引起被领导者感情共鸣的手段，包括物质、金钱、时间和精力上的付出，使被领导者对领导者在心理上产生敬重、爱戴、拥护和信任的感情，心甘情愿地为企业的目标而奋斗。

上海第17印染厂有位老工人，已接近退休年龄，突然患了严重的心脏病，医院认为他需要装一个心脏起搏器。厂长一听，二话没说，"要多少钱，也给他装！"装一个起搏器，再加上住院费、手术费，厂里花掉了十几万元。职工们看在眼里，说："有这样的厂长当家，我们能不肯出力吗？"

还有一位职工，得了重病急救住院，厂长连忙放下工作，赶去医院，不料这位职工抢救无效死亡，厂长护送这位职工的遗体进入太平间……

这个厂经济效益不错，但没有买过一辆轿车，厂里惟一的一辆面包车，也归供销科管。厂长外出开会，路近一律坐公交车或骑自行车。而职工结婚、产妇出院、接送病人，使用面包车不仅优先，而且免费。有一次，一名职工（产妇）要出院，向供销科要车，这天领导正好要去路远的地方开会，也需用车，供销科告诉他，产妇要用车，厂长便痛快地给产妇"让了路"。

这个厂有一条不成文的"规定"，无论哪一个职工病了，住了医院，即使厂长工作再忙，也必定到医院去慰问看望。

和谐的企业人际关系使这个厂全厂上下劲往一处使，把企业当做自己的家，时刻把企业放在心上。有一段时间，厂里资金短缺，职工们纷纷集资拿出钱来。他们说："我们同在一条船上！"这句发自肺腑的话，说明职工心中蕴藏着一种同心协力帮助企业渡难关的炽热情感。全厂上下，有了这种同舟共济的精神，不管困难多大，都会迎刃而解。

可见，"感人心者，莫先乎情"，感情，虽不是商品，也不是货品，却是一种非常重要的资源，这种资源的内在价值不是用金钱可以衡量的。何况感情的投资，必定会产生物质的效果，创造企业的财富。凝聚力是靠感情维系的，用情感沟通的手段培养和巩固企业的内聚力，是现代企业"文化制胜"的表现。

把尊重员工落实到具体行动中，领导者要做到以下几点：

1. 用心去尊重、关心和爱护员工

员工是有血有肉有情感的人，对员工的管理不能仅用冷冰冰的原则，更重要的是要用心去尊重、爱护和关心他们。人性化的管理就是一种独特而有奇效的管理方式。

在企业里，常常听见有的管理者抱怨："我的下属们整天怨气冲天，好像总也不满足，一会儿嫌钞票挣少了，一会儿又抱怨工作没意思。"也常常听见下属们在一起窃窃私语："我们的上司也不知整天在忙什么，怎么这么安排工作，也不替我们想想。"于是乎管理者叹息："现在这世道，人是越来越难管了，我整天都快累死了，他们却在一旁无动于衷，好像什么事都是我一人的。"

这种现象的存在恐怕不在少数，究其原因，管理者应负主要责任。管一群人可不像摆弄一个物件那么简单，人是有感情的动物，不是一发指令他就会丝毫不差地执行。管理作为一门科学，既有其共性的规律性的东西，也有非规律性的，有很多可供发挥的地方。

2. 在人性的特点上做文章

我们知道，大多数人都有一种"你敬我一尺，我敬你一丈"的心理。作为管理者，如果能在人性的这种特点上做文章，收效将是令人满意的。

管理者要想让自己的企业蒸蒸日上，蓬勃兴旺，就一定要在控制人心上下工夫；下工夫要虚实结合，既唱高调，又哼小曲儿。

一个公司，最伟大的财富是人，而不是金钱和产品，有了人才有一切。每个人都有自己独特的个性和尊严，必须尊重他们，不应让他们有如此的感觉：自己仅仅是老板的赚钱工具而已。

3. 尊重个性即保护创造性

管理者虽然有责任把每个人都安排在最适宜其施展才能的岗位上，但由于工作需要和客观条件的限制，并不能够使每个人的兴趣都得到满足，有时甚至完全相悖。在这种情况下，简单生硬地强调"个人服从组织"，搞强迫命令，显然是下策。上策是在尊重的前提下，对下属说明情况，明之以理，使下属心情舒畅，自觉以大局为重，服从事业发展的需要。管理者还应当想些办法，培养他对新岗位的感情，为其胜任新的工作提供方便，创造条件。事实证明，兴趣是可以培养的，人们学习某一学科，或者从事某一工作，开始并不一定都有兴趣，但只要做好思想工作，使其坚持在这一行干下去，天长日久，兴趣自然就产生了，就会不知不觉地爱上这一行，并干出成绩来。

【狼性管理说】

领导者只有爱护员工、尊重员工，员工才会为企业付出自己的情感。一旦这种情感转化成执行力，效果是惊人的。

互相理解，建立畅通的沟通机制

一条伟大的头狼

绝不会只知道高高在上

它同样会低下头

舔舐自己的狼群

如果它足够伟大的话

……

——【狼性宣言】

狼群的沟通无疑是畅通的，几乎每次捕猎之前，它们都会进行一番沟通。狼群几乎每天都要去捕猎，这就意味着它们每天都会进行沟通。这种健全的沟通机制使得狼群始终生活在一种相互理解、相互信任、狼性化浓厚的环境之中：每条狼都能为狼群做出自己的贡献，哪怕它的贡献再小。

沟通的重要性是不言而喻的，然而却经常被管理者所忽视。没有沟通，就没有成功的企业，从而导致每个人都不能很好地工作。

如果一个企业不重视沟通管理，所有人都消极对待沟通、忽视沟通工作的话，那么长期下去这个企业就会形成一种"无所谓"企业文化。

沟通不良几乎是每个企业都存在的症结，企业机构越复杂，其沟通越是困难。往往基层的许多建设性意见未及时传达至上层决策者，便已被层层扼杀；而高层决策的传达，也常常无法以原貌展现在所有员工面前。

在当前许多企业中，资产、产品都具备有效的管理，但对于"人"的管理却比较薄弱。例如，管理者经常会听到这样的话："这件事没办好不能怪我，我根本就不知道"、"这件事应该要他做好后通知我的，但他根本没有告知"、"这件事我早就想向你汇报，但你一直强调要按照你的操作规范去做"、"你是叫我先做这件事吗？我还以为你叫我先做别的"……如此一来，管理者每天都将面临一大堆问题，心里都会想："这件事我得提醒他们一下，不然他们可能又忘了"、"那件事也不知进展如何，我得问问他们"。如此一来，管理者每天光打电话就花去了大部分工作的时间，而桌子上更重要的财务报告、业务报告反而没有时间看了；下属也因为部门之间的协调不良、任务分配不明确、时间限制不固定而产生种种抱怨。

除了在企业内部的管理中存在着资讯沟通效率低下的问题，在企业的业务链中也存在同样的问题。比如在销售业务中，会牵扯到客户、销售人员、客服人员、商务人员、分销商以及承办者等多种角色的相互配合和制约，每一个小的环节都会关系到整个订单的成败。

对企业的业绩而言，各阶层人员之间有效、及时地沟通显得非常重要。沟通对于大多数管理者来说，是一项为了工作而必须具备的技能，应当把与员工进行的每一项交谈都看作是一次修炼的机会，通过交谈和下属成为知己，员工和管理者相互倾吐心声，而不会因为层级的差距有所顾虑，达到上下同心，互相理解支持的效果。

周恩来之所以为亿万人赞颂，其中很突出的一条就是他听别人讲话的态度极其认真，不论对方职位高低，年龄大小，都同样对待。对此，美国一位外交官曾这样评价："凡是亲切会见过他的人几乎都不会忘记他。他身上焕发出一种吸引人的力量，长得英俊固然是一部分原因，但是，使人获得第一印象的是他的眼睛……你会感到他全神贯注于你，他会记住你和你说的话。这是一种使人一见之下顿感亲切的罕有天赋。"我们要以周恩来总理为榜样，完善自己在这方面的形象。概括地说，应该做到：

1. 全神贯注，认真聆听

第一、全神贯注地听别人讲话，眼睛注视着说话的人，脑子里要设法撇开其他的事情，将注意力集中在别人谈话的内容上。

第二、耐心地倾听，不要轻易地打断别人的话，不要因对方叙述平淡而漫不经心，也不要在别人结结巴巴讲不清时，流露烦躁和责怪的神情，更不要在别人讲不同意见时进行反驳或争吵。

第三、有响应地听，通过点头、微笑、手势、体态、语言等做出积极地反应；鼓励对方完整地说出他的意思。

善于倾听别人说话的人，会让人感到他是值得交往的朋友，并愿意与之相处，他与众人的关系也将日益密切起来。专注凝神地倾听别人说话吧，它将使你获得成功。

2. 做出姿态，欣赏对方

要建立良好的沟通关系，必须让对方感觉你非常欣赏他，喜欢他，这样对方才会尊重拥护喜欢你。每个人都有优缺点，只有心存善意地去欣赏别人的长处，才会被人衷心地喜欢；反之，要想求得他人的喜欢，也应该做些具体的努力：

向对方表示深切地关心（要具体）。不关心别人，忽视别人，就是不肯定其存在的价值，这是最令人难以忍受的。

牢记别人姓名。记住了别人的名字，就等于记住了那个人。

了解对方的爱好。在交谈或交往时，时时以他人的爱好为出发点，这使对方感到愉悦。我们很有必要把握这一能使对方高兴的线索。

不忘微笑。微笑是世界通用的语言，它能冲破一切艰难险阻，融化冷漠的心。

肯定别人的价值。对于肯定自己价值的人，谁都不会施以闭门羹，而会给予诚恳地协助。

做个好听众。表现欲人人皆有，世上没有不喜欢别人认真听自己讲话的人。

要想使别人衷心接纳自己，受人喜爱是至为必要的一点。虽然是相同的一句话，由自己喜欢的人口中说出和讨厌的人口中说出，听起来的感觉完全不一样。人之所以产生截然不同的反应，完全是因为其内心的好恶感在作祟。努力地喜欢别人吧，只有如此，别人才会喜欢你。

3. 用心交流，赢得好感

作为一个单位或企业的领导者，设法赢得员工的好感非常重要。对你有了好感，他们才会愿意与你交流和沟通，愿意与你配合和共事。可以说，赢得好感就可以为沟通与合作架起桥梁，用心发现对方的嗜好并寄予关心，可以赢得多数人的合作与协助。要赢得别人好感必须首先或及时发现别人的嗜好，并在交谈时和行动上以其嗜好为标准。第二次世界大战时期的美国总统罗斯福，对于每一位到他在奥伊斯塔湖畔家中访问的客人，都能提供各位访客喜欢的话题，令访客十分愉快。每一次接见客人之前，罗斯福总统一定详细地调查对方的志趣和爱好，在见面时不露痕迹地把话题引到这方面来，以致所有的客人对他都有一个强烈的印象："罗斯福总统真是一位可亲可近的人。"同时他们对于关心自己志趣、嗜好的罗斯福总统，产生了无上敬仰之意和亲切的好感。

【狼性管理说】

一个企业，只有具备畅通的沟通机制，员工的意见和建议才能上传到领导者那里；也只有这样，领导者的想法才能和员工进行交换、沟通，企业才能获得良好的生存和发展。

知狼善任，要让群狼勇挑重担

伟大的头狼

总是把善于奔跑的狼

放在围捕的位置

总是把牙齿锋利的狼

放在猎手的位置

知狼善任

是头狼伟大的突出表现

......

—— 【狼性宣言】

西汉时的开国皇帝刘邦有一句经典名言：运筹谋划，我不如张良；带兵打仗，我不如韩信；转运粮草，我不如萧何，但是他们三人都能为我所用，这就是我得天下的原因。

打天下是如此，经营企业也是如此。领导者只有把能干的人放在合适的位置上，才能发挥重要的作用。

麦当劳的总裁克罗克是一个自由思想者，他不仅从不阻碍年轻管理者的发展，而且还对年轻管理者采取启发、咨询和要求的办法，从不独断独裁。他说："我喜欢授权，而且一向尊敬那些能想到我想不到的好主意的人。"虽然有些主意他也采取禁止的态度，但大部分情况，他鼓励年轻的管理者提出不同的意见，并热衷于将新主意付诸实践。他说："如果有人出了新主意，我会让他实验一阵子。有的时候，我会做错事，有的时候，他们会做错事，但是我们可以一起成长。"

麦当劳的每一位管理者都有自己的发展空间，麦当劳给他们充分的授权，让他们有机会证明自己的能力，但也要求他们承担相应的责任。在分权管理的制度下，麦当劳的管理者表现出对工作的热忱和合作精神。麦当劳给一直想找机会表现、却一直未能出头的人，提供从零开始的机会，桑那本就是这样的一个例证。

桑那本与克罗克是两个性格完全不同的人。克罗克外向、可亲、坦诚，桑那本却内向、冷漠、深沉。在工作上，桑那本感兴趣的是财务数字上的问题，而克罗克对此一窍不通。桑那本在理财上确有独到之处，他首先提出麦当劳要进入房地产行业，但这对于速食业而言风险很大，克罗克却同意让他放手去做。因为克罗克认为，桑那本可能会犯错，但可以在错误中成长。可喜的是桑那本取得了成功，并使麦当劳的股票在纽约证券交易所上市，自己也被提升为麦当劳的财务总经理。

克罗克重用桑那本，足以证明麦当劳能够给予经理们足够的授权，让他们发挥所长：马丁诺由于善于处理人际关系和发现人才，成为公司的董事；特纳因创造出一套成为速食工业楷模的营运制度，成为麦当劳的新任总裁；史恩勤设计建筑、设备、标志，日后也成为业界的标准；康利则善于招募加盟者，为麦当劳奠定了壮大的基础，他们都成为麦当劳的高级管理人员。这些麦当劳的成功者都是在麦当劳宽松的管理空间中，找到了发挥自己才能的沃土，并充分证明了麦当劳授权制度的优点。

麦当劳授予管理者们非常大的权力和责任，鼓励他们发挥所长，使他们在自由与责任之间取得平衡，并且使不同类型的人的创造力朝同一方向发展。麦当劳高级管理者举行会议的房间被称为"战事房"，这个名字准确地表达出麦当劳的管理者在激烈的速食业竞争中同仇敌忾的合作精神。这间会议室里没有任何昂贵的装饰，采取环形设计，充分体现了平等合作的观念，管理者可以自由地各抒己见，为公司出谋划策。

《第五代管理》的作者查尔斯·萨维奇（Charles M. Savage）博士曾说过：怀疑和不信任是公司真正的成本之源。领导者与员工之间级别上的差异、心理上的距离以及互不信任直接导致了员工压抑的心理，长期如此会产生心理障碍或心理疾病。除此之外，怀疑和不信任还打击了员工的积极性，阻碍了创新。

那么领导者应该如何表达对员工的信任呢？

1. 让下属担当一定的职责就是最好的信任

信任能增强员工对公司的责任感和使命感，能促使员工自觉采取行动，与公司同命运，共发展。而且，信任更是授权的基础，领导者的任何授权都基于并体现在他们对被授权者知识、技能及主动性、责任感的充分信任。

虽然信任对于组织及人员管理的积极作用已被许多公司实践所证明，但信任本身却是管理中最难把握的概念之一。信任应是双方的，但就公司、领导者与员工的信任关系来看，员工对于公司及领导者的信任，首先来自公司和领导者对员工自身的信任。在这个层面上，信任可以理解为给予员工充分的自主权和自由度，放手让他们去处理一些问题，即使在不确定性的情况下或遇到困难时也是如此，同时为他们提供完成任务所必需的各种资源和支持。

2. 将信任和宽容落实于行动

以宽容和信任为基础的领导和管理模式最终获得了巨大的成功：在

整个老沃森时代，IBM 公司的士气和生产率始终维持在很高的水平；而且，由于公司与员工之间的彼此尊重与信任，即使到了产业联盟时代，IBM 的员工也从不觉得有组建工会的必要，这在极为注重法律及员工个人权益的美国是难以想象的。

信任员工是许多知名公司极力推崇的文化价值观。在"新惠普之道"中明确写道"信任和尊重员工"；"珍视员工"同样是飞利浦公司所尊崇的，而摩托罗拉的公司文化正是"诚信不渝"和"尊重他人"。

实践"信任和尊重员工"的观念比接受这一观念要困难得多，许多公司和领导者虽然也能认识到这一点，但能真正做到的却要少得多。卓越与平庸的领导者最本质的差别之一就是：平庸者将口号挂在墙上，卓越者则将信念植入心中，落实于行动。

然而，在中国，信任危机却普遍存在于社会生活的方方面面。企业主与职业经理、员工之间的矛盾早已不是什么新闻，要明确地界定谁是谁非并不是一件容易的事情。但有一点已被改革开放二十多年的历史及跨国公司在中国的实践所证明：中国并不缺乏好的员工，缺乏的是能使用好员工的领导者和管理者。为什么同样一个人在惠普、在 IBM 就能100% 地发挥其聪明才智，而到了某些国企、民企就成了平庸之辈，甚至被认为是道德败坏者？"他们对员工的管理基于一种所谓的坏人假设，我们这些经理作为外来者，从来都没有被信任过，从来就是有责无权。无论做什么事情，他们总是从坏的角度来怀疑你的动机。在这种情况下，我们还能做什么呢？他们又能让我们做什么呢？"一位从一家民营公司辞职的经理人说起他的失败经历时显得无可奈何。

【狼性管理说】

对领导者来说，最重要的工作之一就是在公司与员工之间建立信任，让员工充分了解工作的价值和意义，激发员工的工作和创造热情，并通过职责分配、授权等方式给予员工体现价值、追求卓越的机会。

头狼要善于协调狼群矛盾

我们再和谐

也总是会有矛盾

此时的头狼

就会来到我们身边

默默地坐着、看着

化解我们心理的阴霾

虽然它只是坐着、看着

一言不发

但是我们的心里还是很踏实

……

——【狼性宣言】

在狼群出现矛盾的时候，头狼会静静地坐在狼群中间，一言不发，狼群的矛盾慢慢就会自动消失。当然，这里面有头狼权威的作用，更重要的是，头狼在积极地协调矛盾。

领导者切不可对下属之间的分歧视而不见或充耳不闻，必须以认真的态度去预防、缓解和解决冲突，并引导他们向有利于组织目标的方向发展。

在一个组织中，人们为实现一定的组织目标，自然要产生与这一目标相适应的思想和行为。但千人千面，每个人各有各的思想方法和行为方式，因此，不可避免地就会发生分歧。领导者的作用就是协调、处理这种分歧。

李强是一家工厂的经理，他所领导的团队由八个人组成，其中包括

生产经理、会计经理、销售经理、质量控制经理、工厂维修经理、工程设计经理和人事经理。这八个人在每周三下午召开一次两个半小时的会议，了解工作中出现的问题，制定生产经营决策；每个人抽出一个下午的时间，用于讨论工厂政策、预算、资本支出及其他较为重要的事务（出现紧急情况时可随时召开会议）。

在最近的一次会议上，首先由与会人员（包括李强）逐个介绍了各自在本部门及其他环节上遇到的问题。作为会议的主持人，李强把大家提出的问题逐项记录在黑板上，然后由大家共同讨论这些问题的轻重缓急。有些问题需要立即予以解决，有些问题可以暂缓一下，布置给一两个人具体负责，或是放在每月的周五例会上讨论。

随着讨论的进行，大家纷纷对维修部的工作提出了批评。随着大家的意见越来越多，工厂维修部的经理也开始极力地为自己辩护。他总能找到借口，要么推卸责任，要么干脆把问题踢给提意见的人。

争执之后，李强终于开口了："我们坐在这里的目的可不是为了讨伐你，而是为了真正发现问题，只有这样，我们才有可能解决这些问题。"大家开始把精力用于讨论如何解决这些问题，彼此之间针锋相对的腔调也开始有所缓解。

李强召开的这次会议，其实质就是一个消除分歧的会议。会议所强调的是共同致力于解决问题。既不否认分歧，又不鼓励人身攻击的领导者，能够促使同事之间精诚合作，相互帮助，在确定时限和工作重点的过程中共同出谋划策。

异议及分歧是领导者经常面对的关键性问题，消除异议可以有助于解决双方的对立，使相互关系达到高度的稳固和紧密。允许员工对其见解进行直接迅速表白，组织系统就能够不断地调整自己的结构；分歧消除之后，员工不满的根源就消除了，更有助于建立牢固的团体。因此，领导者在组织发生分歧之后，不要忽视分歧的存在，更不要不予行动，要树立正确的观念及态度，多吸取有关管理的知识与技巧，及时妥善地协调各方的关系。

管理者在知道了引起分歧的主要原因后，为了有效地消除分歧，除了要因势利导，具体问题具体分析外，还要注意下述几点要求。

1. 耐心听取双方的意见

作为管理者，需要正确地理解员工提出的意见中的真正内容，还要注意不能轻易下结论，即便你已经清楚了事实，也要顾及他人的感受，最妥当的办法是让双方明白事情的原因以及如何由分歧走向一致。

2. 引导双方坦诚交流

不妨由管理者挑头开一个会，邀请双方的各级代表参加，开诚布公地谈一谈问题。会议上的争执是不可避免的，但只要言语不过于激烈、对事不对人就可以了，让双方代表互相诉说一下内心所想。但一定要注意适可而止的原则。管理者可以用一些主持的技巧，把与会者的注意力转移到事情的本身上来，还可以用提问的方式将话题吸引过来，如"他们说的对吗？你们当时真的是这样吗？"等引导性语句，至少有助于双方代表对于事情的经过给予更多的重视，最后促成双方达成一致的看法。

3. 多为下属制造一些加强沟通的机会

一个优秀的企业，强调团队的精诚团结、密切合作。因此，员工之间的沟通十分重要。作为管理者，一定要多为下属制造一些加强沟通的机会，如定期举办一些晚会，或者开展一些体育运动，或者定期召开各种形式的会议，让大家就工作内容各抒己见，在思想和意识上达到统一。

在现代企业生产经营活动中，人是最积极、最活跃、最关键的因素，是创造力的源泉。人的主观能动性发挥得如何，直接关系到企业生产经营效率的大小和经济效益的高低。尤其是在激烈的市场竞争环境里，在决策正确的前提下，哪个企业能够最大限度地调动员工的积极性，开发员工的潜力，哪个企业就能争取主动，就能获得长足的发展。"以人为本"，即把人作为企业管理的指导思想，也就是提倡尊重人，相信人，激励人，开发人，使其发挥出无限的创造力。

卓越的领导者总是善于理解员工、关心员工、重视员工、依靠员工、尊重员工、团结员工和培育员工。企业是员工联合起来的组织，员

工才是企业的核心和支柱。重视员工价值的实现来达到企业价值的实现是现代企业管理的核心问题，也是贯彻"以人为本"管理思想的中心议题。

【狼性管理说】

一个优秀的领导，并不仅是善于制订策略、做好决断，而且更善于解除企业内部的矛盾。矛盾等于内耗，内耗就等于失败，所以，解决好企业内部、员工之间的矛盾对于管理者来说，也是势在必行的。

狼性管理——企业傲然生存的狼性管理法则

狼性管理
LANGXING GUANLI

第七章

激励管理——激发狼群内在的潜力

　　头狼不会逼迫狼群去做什么事情，但是它会用自己独特的激励方式影响群狼，从而促使它们去做。在企业同样如此，在今日的商业环境里，激励员工比过去的任何时候都来得更重要。究其原因，一方面，对于员工的行为，管理者的影响力越来越低，今天的管理者不能强制员工一定要做什么，而是应像个教练那样，间接地影响员工，尽量让员工按管理者希望的方法去做；另一方面，管理者对员工的要求越来越高，他们希望员工以自治和自律的方式，在工作的质与量上达到更高的标准。在这种情况下，只有通过激励员工的方式来提高他们的工作绩效，使他们发挥出最高的水平，也只有这样，企业才能够得以生存和发展。

增强狼群集体荣誉感

我们的狼群

是个伟大的狼群

在白雪冰封的白色世界里

所向无敌

为此

我们常常会在夜里

尽情的嗥叫

我们要让全世界都知道

狼，也有属于狼的荣誉感

……

——【狼性宣言】

    狼群是一个非常有意思的群体，无论是猎杀胜利还是地盘争夺胜利，它们都会对着天空尽情地嗥叫一番。很多悲观者认为这是狼群在为死去的猎物哀悼、祈求上天宽恕自己；也有的人认为这是它们在警告其他的狼群，不要来招惹自己，否则将不会有好果子吃。当然，以上两点都有可能，而我们更会觉得，此时狼群的嗥叫是一种集体荣誉感的爆发和表现。

    企业有良好的发展前景，并且在业界做出了令人瞩目的成绩，身为企业员工的一份子，就会感到自豪感和荣誉感，就会坚定奉献企业的信心和决心。如果领导者还能适时奖励其中贡献突出的员工，不仅被激励的员工会对工作投入更大的热情，还能在企业中形成你追我赶的工作氛围。

其实，每个人都有得到认可、获得荣誉的心理需要，对于那些在工作中表现非常优秀，具有代表性的杰出员工，管理者给予他们相应的荣誉是十分必要的，这样做会起到惊人的激励效果。

仅仅用了十几年的时间，青岛港集团就在常德传总裁的率领下，由过去仅够维持生存的状况，到现在为国家净增110多亿元优良资产、上缴国家各种税费55亿元的优良业绩，这不能不说是一个奇迹。

奇迹源于青岛港集团全体职工的努力，也得益于常德传总裁所倡导的荣誉激励。在青岛港集团，只要员工做出了巨大贡献，集团就会授予他们相应的荣誉，比如"振超效率"、"琳琳快磅"、"义爱神车"、"杰敏智控"、"吉强精骑"、"王啸飞燕"等，这不但激励了获得荣誉的员工本人，更激励了其他员工，使企业效率得到了迅速的提高。

诺伊斯博士是英特尔公司的创建人之一，他曾经这样说过："表现杰出的员工最喜欢别人来测量他的成就，因为别人如果不测量，他就无法来证明自己的杰出。"

一般情况下，可用以下公开奖励的办法来激励在各条战线上表现杰出的员工。

设立一个特别荣誉奖，并为这个奖取一个很响亮的名称，以奖励员工在某个领域所做出的特别成就。

设立最受员工欢迎的管理人员奖。

让员工投票选举本年度最优秀的员工、主管、经理或先进同事，送给他一份纪念品，并颁发荣誉证书。

设立一个奖项，来表扬员工在职责之外的特殊表现，送他一件名牌高级运动衫，把这个奖的名称写上去。

公开地对有突出贡献的员工以必要的奖励，这是一种能给他们带来极大的荣誉感和自豪感的方式。当他们得到这种奖赏后，将会觉得非常荣耀，为了把这种荣耀维持下去，也为了对给予他荣耀的人有所回报，他肯定比原来更加努力地工作。

如果一个对某事引以为豪并且十分关注它，而自己又是构成这件事的一部分，那么，大多数人就不难理解此事对他的重要性了。我们能清

楚地认识到这一点，如人们对祖国、本民族、城市、学校，甚至是对一支运动队，均会产生认同感并关注它。员工是在十分关注其所在公司的情况下开始他们的职业生涯的。若他们对公司的关注程度减少，主要问题源于公司及其管理的特点，而不是员工个人的原因。

以下是针对"您对在这里工作最喜欢的是什么"这一问题的回答：

"致力于做到最好。那些经营公司的人有足够的财力做到最好，并且他们使用了这些财力。"

"为公司成功而做好每件有益的事情。我喜欢为这家公司工作，并想长期为它效力。"

"优质的产品、顶尖的战略、卓越的领导力、对员工的关心、对顾客的关注以及高度的坦诚。高级管理层管理有方。我们十分有幸在这里工作。"

"我们十分荣幸与一支言出必行的领导管理团队共事，为顾客和股东着想。能成为公司的一部分真好。"

"我为这份工作感到莫大的荣幸，为能在这家公司工作感到莫大的荣幸。这家公司的高水准与高度诚信全球闻名。最重要的是，我每天都在成长与学习，有机会施展我的才华，并感到在为公司共同的利益贡献力量。"

人们也很难对那些只顾赚钱而不管其他的组织忠诚。事实上，公司的财务成就可能是员工对公司产生自豪感的一个重要来源。但是，正如员工个人不只是从他的收入中获得自豪感一样，员工对组织的自豪感也不仅仅取决于利润的多少。

研究显示，员工对组织的自豪感与其对组织的总体满意度之间有着强烈的相关性。自豪感的主要来源，均从不同侧面反映了同一特质——卓越：

· 组织财务绩效的卓越性。

· 组织工作效率的卓越性。

· 组织产品特性的卓越性，如产品效用、独特性和质量。

· 组织道德品质的卓越性。

人们愿意为那些干得好而且干好事的组织工作。大致上讲，前两个因素与干得好有关（为一个盈利并且经营有道的企业工作），而后两个与干好事有关（给顾客提供真正有价值的产品并且经营行为合乎道德），当然，这四个方面是相互关联的。如果组织不提供给顾客真正的价值，或想从长期不道德的商业实践中成功，就很难有长期优秀的财务表现。作为自豪感的决定因素，这四个中的每一个都是独特而重要的。因此，员工对公司商业行为合乎道德，以及生产出高质量产品的期望本身是非常重要的。

【狼性管理说】

集体荣誉感是团队的灵魂，不仅能让员工更加喜欢这份工作，而且也会激发员工更大的潜力把工作做得更好，更能刺激其他的员工效仿这种行为。也就是说，管理者如果意识到集体荣誉感对于员工的重要性并且致力于这么做的话，企业就能获得很好的生存和发展空间。

狼群的激励艺术

征服猎物

不仅仅能得到足够的食物

还能得到同伴的认可

在那温柔的目光对视之中

我寻找到了生存的意义和价值

虽然没有一句激励的言语

但是此时，无声胜有声

……

——【狼性宣言】

任何一个狼群、任何一条狼，如果没有合理的激励机制，那么即便再有能力，也不能捕获猎物。如果把捕获猎物当做一种结果的话，那么激励就是一种影响结果的重要性因素。

骑过马的人都知道，当得到一匹新马时，如果你一跃而上，那马准会撒蹄狂奔把你掀翻下来。正确的方法应该是，先为马梳理梳理鬃毛，喂它点青草，和它对对眼神说说话，这样，你再去骑的时候，它就不会认为你"非礼"它了。不但骑马要注意消除马的紧张感，管理者在与员工谈话时，同样需要消除员工的紧张感。

某印染厂厂长李某，作为区人民代表候选人之一与其他几位候选人一起，先后到该选区所属的11家工厂与选民代表见面，发表简短演讲。面对素昧平生的听众，如何用少量的话语打动人心，争取到所有选民的拥戴？他仔细研究了听众（工人）的心理，心里有了底。

李某先到了染化厂，他说："我们印染厂，一分钟也离不开染化料。染化厂历来就是我们印染厂的坚强后盾。正是有了你们生产的高质量的染化料，我们印染厂才可能生产出漂亮的花布。我们印染职工深深感谢你们！"他的话一下子说到了染化厂选民的心里，大家都很高兴。

然后到了长征造纸厂，他讲："我对造纸厂是有感情的，我在大学里学的是木材加工专业，毕业实习进的就是造纸厂。我的事业可以说正是从造纸厂起步的！"这么一讲，双方在心理上的距离一下子缩短了。

当李某来到与印染厂隔路相望的针织厂时，他说到："针织厂和我们一直是好邻居。针织厂生产比我们好，效益比我们高。今年春节，给职工发了许多活鱼，我们厂的职工都看见了。我这个厂长日子不好过呀！我要好好向针织厂取经呢！"这几句称赞的话说得针织厂的全体职工乐呵呵的。

在鞋钉厂，他又有了新词儿："我们印染厂有1600名职工，可以说这1600双脚下，都有你们鞋钉厂的产品，如果有机会让这1600双脚排好整齐地走一走，我相信，脚下的脚钉一定会奏出动听的交响乐。"话音刚落，鞋钉厂的选民代表全部都由衷地笑了，有人赞美他们的小小鞋钉，还是破天荒第一遭呢！

李某最后赢得了选举，结果是可以预料的。

其实只要态度真诚，合乎事实，即使是"投其所好"，"拉个近乎"，也是合情入理，委实可取的，况且这确实是一种交流的艺术。

消除员工紧张感的最有效措施是尽量以轻松的语气与员工交流。这样，员工会认为上司很随和、平易近人，并能了解自己的心理，因而也就不再感到那么拘束了。

如能让员工在管理者面前无拘束感，以一种轻松的心态同管理者进行交流，那么员工常会畅所欲言，把心中所想所感全盘托出，也更有利于双方间的沟通，有利于管理者对员工的了解，从而能更有效地激励员工。有些过于紧张的员工在宽松的气氛下，也能逐渐消除紧张和顾虑，思维就会活跃起来，先前没有考虑到的问题现在也能考虑到，如同"超常发挥"。这样，员工的真实心理状态就能最大限度地被管理者了解到。

与员工交谈开始时的叙旧、拉家常可以收到"热身"的效果，我们不妨称这种方式为"热身运动法"。正式交谈前的"热身运动"，其主要功能是沟通双方的情感，创造融洽的交谈气氛。具体地说有以下几点：

1. 可以减轻对方的心理压力及局促感。一般来说，下级在同上级谈话时，刚开始总有些紧张和不安。这时，交谈前的"热身运动"能使对方的心理由紧张到恢复正常并调整到良好状态，这为交谈的顺利进行创造理想的心理背景。

2. 可以缩小双方的心理距离，达到彼此认可，心理相容。在许多情况下，特别是在沟通过程中双方是有心理差距的，如员工的不信任感、抵触情绪，双方观点相左，等等。管理者应尝试先问寒问暖，亲切地聊聊天，就会使对方体会到领导的关心、友好态度，从而消除不良情绪，敞开心灵的门窗，沟通情感和思想。

3. 可以观察员工的情绪和个性特征，以便用恰当的方式使交谈顺利进行下去。如果员工情绪饱满，侃侃而谈，说明其心绪良好或性格外向；如果员工缄默不语，表情淡漠，则表明其心情不佳或性格内向，或者对管理者话题不感兴趣，管理者就可以采取相应的交谈方式。

在与员工交谈运用"热身运动"法时，管理者必须真诚，友好。员工如果感到管理者不够诚恳，就会增加抵触情绪，为沟通设下心理障碍。此外，"热身运动"时间不宜过长，以免喧宾夺主，冲淡了主题。

高明的管理者往往善于抓住"闲聊"中的话题作为突破口，及时导入正题。如果"热身运动"中的话题与正题没有联系，也要善于"言归正传"，自然而然地把沟通纳入预定轨道。

中国有一句俗话："受人滴水之恩，当以涌泉相报。"对于绝大多数人来说，投桃报李是人之常情，而管理者对下级、群众的关爱之举，群众的回报就更强烈、更深沉、更长久。这种靠感情维系起来的关系与其他以物质刺激为手段所达到的效果不同，它往往能够成为一种深入人心的力量，更具有凝聚力和稳定性，能够在更大程度上承受住压力与考验。

用情感来攻心管人，不只可以调节员工的认知方向，调动员工的行为，而且当人们的情感有了更多一致时，即人们有了共同的心理体验和表达方式时，集体凝聚力、向心力即成为不可抗拒的精神力量。维护集体的责任感，甚至是使命感，也就成了每个员工的自觉立场。

自古以来，那些战功显赫的将军们，无一不是爱兵如子的人。现代的管理者若想创出辉煌业绩，赢得下属的拥护，就要关心下属，帮助下属。

如果管理者能在工作与生活中真心地替下属着想，那么下属也自然会替管理者着想，同时维护和拥戴管理者。这样，管理者便可以在企业中创造出"人和"的氛围，取得无往不利的可喜成就。

总之，世界上的成功事业，都是靠人奋斗出来的。成功的管理者在经营中认识到：员工激励极富科学性、艺术性，优秀的管理者总能深刻洞察到员工之间不同的需求、不同的目标，并从表象挖掘到实质，采取针对性强、行之有效的激励方式，使员工保持最佳的工作状态。

【狼性管理说】

激励也是一门艺术，成功的管理者也是一个高明的激励者。俗话说，得人心者莫先乎情，要想让部下衷心地接纳你，并死心塌地地为你效力，就应该在"情"字上下功夫。领导者只要放得下身价，诚恳真挚地与部下"套近乎"，就会收到满意的效果。

头狼的榜样力量

每次猎杀

头狼总是第一个冲出去

每次火拼

头狼总是第一个扑过去

对于我们来说

这就是力量

就是榜样

……

——【狼性宣言】

很多人都觉得，头狼既然是整个狼群的首领，捕猎的时候只要发号施令就可以了，事实真是这样的吗？不是！无论是在猎杀还是在和其他狼群进行火拼，头狼不仅仅要发号施令，而且还要身体力行、参与活动。

而狼群中的很多狼也都是唯头狼马首是瞻，头狼怎么做，它们就怎么做。也就是说，一个狼群发展得如何，和头狼本身的表现有很大的关系。这就是榜样的力量。

很多人在关键时刻丧失领导力的原因就是在关键时刻不能坚持原则，更没有实力和勇气站出来：要求下属"照我说的做"，而不是"照我做的去做"。

领导者不仅是领袖，也是导师。导师不仅要告诉追随者应该做什么，还要告诉他们应该怎么做。可以这么说，领导者不仅是原则的维护者，也是原则的执行者，甚至是原则本身。他是团队的一面旗帜，一个榜样。他的行为，感染着追随者的行为；他的指向，引导着团队的方向。只要旗帜不倒，团队就不会动摇。身为领导者，必须是那些坚持原则，并乐意为原则付出牺牲的人。

东芝公司是世界上有名的大企业。有一次，该公司的董事长士光敏夫听业务员反映，公司有一笔生意怎么也做不成，主要是因为买方的课长经常外出，多次登门拜访他都扑了空。士光敏夫听了情况后，沉思了一会儿，然后说："啊！请不要泄气，待我上门试试。"

业务员听到董事长要"御驾亲征"，不觉吃了一惊。一是担心董事长不相信自己的真实反映；二是担心董事长亲自上门推销，万一又碰不上那家企业的课长，岂不是太丢一家大企业的脸！那位业务员越想越怕，急忙劝说："董事长，您不必亲自为这些具体小事操心，我多跑几趟总会碰上那位课长的。"

业务员没有理解董事长的想法。士光敏夫第二天真的亲自来到那位课长的办公室，但仍然没有见到课长。事实上，这是士光敏夫预料之中的事。他没有因此而告辞，而是坐在那里等候，等了老半天，那位课长回来了。当他看了士光敏夫的名片后，慌忙说道："对不起，对不起，让您久候了。"士光敏夫毫无不悦之色，相反微笑地说："贵公司生意兴隆，我应该等候。"

那位课长明知自己企业的交易额不算多，只不过几十万日元，而堂堂的东芝公司董事长亲自上门进行洽谈，觉得备受重视，所以很快就谈成了这笔交易。最后，这位课长热切地握着士光敏夫的手说："下次，本公司无论如何一定买东芝的产品，但惟一的条件是董事长不必亲自来。"随同士光敏夫前往洽谈的业务员，目睹此情此景，深受教育。

士光敏夫此举不仅做成了生意，而且以他坦诚的态度赢得了顾客。此外，他这种耐心而巧妙的营销技术，对本企业的广大员工来说，是一次很好的教育和激励。

企业是一个有机整体，员工都在看领导者怎么做，继而就会跟着效仿。因此，领导者只有在关键时刻为员工做出好的榜样，才能起到带头表率作用，才能有效地激励员工。

领导者作为公司的灵魂人物，是全体下属员工学习和效法的榜样。因此，领导者一定要时刻注意自己的一言一行，避免造成负面影响。

1. 身教重于言教

领导者只有把说与做结合起来，用自己的行动做给下属看，才能更有说服力。把"照我说的做"改为"照我做的做"才会真正起到一个示范的表率作用，会对下属的行为产生十分重要的影响。作为企业的领导管理者，时时要求自己的举止言行，在工作上更要一丝不苟，以身教给下属一个最好的答案。相反，如果一个领导者工作松散，经常无故迟到，工作时间更是随意，私人电话一个接一个，全然不顾别人的眼光，工作过程中又不踏实，总是左顾右盼，盼望着早些下班，那么他就不是一个称职的领导，他所管辖的部门就很难有好的业绩，工作自然就会搞得一塌糊涂。

2. 时刻严格要求自己

在领导直接下属的过程中，企业领导者应注意发挥在组织中的"示范效应"。要达到这个目的，就应该在做到"严于律己"的同时，把律己的影响力辐射到周围，在本部门甚至本企业的所有成员中产生反响。要让员工们感到，企业领导既是一个组织中人事制度与政策的制定者，同时又是模范的执行者。

鲁冠球曾经说过："喊破嗓子不如做出样子。"可见，作为一名企业的领导者，应该知道身教重于言教的意义，更应该知道"上行下效"的道理。一个人是否能不断地超越自我，很大程度上还取决于在物质生活条件越来越好的情况下，能不能保持清醒的头脑和严于律己的作风，只有继续发扬艰苦奋斗的精神，保持这种优良传统，才能使自己的个人形象日趋完美。

如果一名总经理能够做到准时上班，工作从不马虎，那么他的员工会更准时更认真；反之，总经理懒怠，员工自然不会去加班加点地工作。所以，管理者的一言一行对员工的示范教育作用是巨大的。

【狼性管理说】

大圣人孔子曾经说过："己欲立而立人，己欲达而达人。"这句话的意思是说，只有自己愿意去做的事，你才能要求别人也去做，只有自己能够做到的事，才能要求别人。同样，作为现代企业领导者也必须以身作则，用无声的行动激励下属，才能充分发挥榜样的力量。

找到捕猎的真正意义

对于狼群来说
捕猎的真正意义
或许不在于获取食物
而在于
实现自我价值
……

——【狼性宣言】

说起狼群的猎捕，很多人的第一反应或许就是狼群在获取食物，这是生存的第一要务。那么狼群的猎杀仅仅是为了食物吗？

专门研究狼群的科研者经过对白背狼群等野生狼群的细心研究之后，得出一个惊人的结论：狼群同样有实现自我价值的心理要求。在一次捕杀猎物的过程中，如果哪一条狼贡献卓著，那么它不仅会表现出兴奋的神色，而且还会在下一次的捕猎时更加卖力。这当然有狼群激励措施的影响，更重要的则是这条狼懂得自我价值的意义。

重要的工作能促使员工出成就，让其觉得有良好的发展机会。它能激发起员工的自信心、勇敢和热情，继之以勤奋的工作，为企业的发展做出更大贡献。一旦员工尝到了在重要的工作中获得成就的甘果之后，就能够调动自身内在的潜力和干劲，迸发出更强烈的积极进取的欲望。

所以，管理者要所有的员工明白，你希望他们能完成艰巨的工作任务，同时会充分发挥他们的水平。

人的精力虽然不是无穷的，但是有时也会发挥出超越自身极限的力量。员工在困难中的紧张感，对自己的信心，对困难工作的坚决果断，以及坚持到底的热情，不怕困难必须成功的毅力，这一切融合在一起的时候，就会爆发出巨大的威力，做出原先意想不到的成就。

如果员工觉得自己的工作不重要，会在很大程度上影响其积极性。曾听员工说："现在的工作分工愈来愈细，也愈来愈单调，若长期如此，真是越干越没兴趣。"也有的员工说："我们不知道这项工作的意义，做起事来也缺乏干劲。"可见，员工如果认为自己的工作不重要，或者对工作的重要性认识不足，就看不到工作的价值，也激发不起他们工作的热情，更无从谈激发其潜力了。

其实，工作的重要性有两重含义：一是在企业内部被全体员工公认为是一项重要工作；二是从整个社会来看是一项重要的工作。

在企业内部，将工作细分后，个人所承担的工作的重要性也就削弱了。管理者要善于赋予工作以重要意义，从而增强员工的荣誉感和使

命感。

让员工觉得有发展机会，不一定非要给员工一个实在的职位。正如上文说的那样，地位不一定是实实在在的，同样，任务的重要性也不一定真的那么重要，只需要让员工觉得重要就可以了。

一位饭店经理叫一位男服务生到一个客房关窗户，而这位男服务生可能会埋怨这件要不应该叫他去做，只要叫女服务员去做就可以了。但在要求这位男服务生做这件事之前，经理以非常慎重的态度告诉他，"那个房间里的窗帘价格非常昂贵，你现在必须赶快去把窗户关好，否则待会儿台风刮来，会将窗帘损坏，那将是我们相当严重的损失。"

这位男服务生听完之后便飞奔而去。

经理的高明之处在于，他让那位男服务生认为自己负担的责任不仅仅只是关窗户而已，还是要他去保护价值昂贵的窗帘。

为了帮助员工寻求工作的真正意义，必须使公司内不同层面的所有员工都相信，他们的努力对公司至关重要。

一个人所追求的目标决定了什么样的工作对他更有意义。不同的个性类型，决定了寻找工作满足感的不同方式。

在《为什么工作？激励新的工作队伍》一书中，作者迈克尔·马科比提出，工作中有五种不同个性类型，每种个性类型认同的价值观也不同。认清他们的个性类型，将有助于你认识激励员工的内在因素，以下就是马科比列举的五种个性类型：

·专家型：倾向于掌握知识技能、控制权和拥有自主权。例如，工匠追求的是制作水平的精湛。

·助人为乐型：从与他人的联系和帮助他人中获得乐趣，得到激励。

·自我保护型：注重自我保护和自尊，并从中受到激励，获得满足。

·创新型：以创新和试验新事物为乐趣。

·自我完善型：力图实现提高技能、享受娱乐、拓展知识以及个性完善等多方面目标的均衡与全面发展。

由此可见，员工工作不仅是为了挣钱，还有更重要的意义。如果管理者不肯丰富工作的意义，就无法获得员工的忠诚和创造性。许多管理者仍然没有清醒地认识这一点。

与管理者相比，员工在看待他们的工作时，反而更具全局意识。员工希望他们的工作更有意义。近些年来，许多公司似乎已经忘记了这一点，而员工们却渴望为世界做出更多贡献。最具讽刺意味的是，如果公司能够考虑这一点，反而会获得更丰厚的利润。

不同类型的员工需要不同的激励方式。举例来说，一些从事办公室事务性工作的员工，也许认为自己对于公司无足轻重，从未意识到自己的重要性，而他们同样具有人的需求，帮助他们在工作中寻求自身价值，可以激发他们对工作前所未有的兴趣和投入。

请各位务必铭记以上规则——让对方知道他必须如此做的理由，让对方认为他所担负的某项任务有多么重要。

【狼性管理说】

很多员工之所以工作不好，并不是能力不够，也不是机会缺乏，而是这些人根本就不知道自己的工作有什么意义和价值。这也就给管理者指明了一个方向：要想让员工更加卖力地工作，不仅要有良好的激励措施，更重要的是要满足员工的价值取向，让他们知道工作的真正意义在何方。

关心换来无穷斗志

无论是受伤

还是生病

无论是炎热

还是冰冻

母狼的关心

总会驱走心里的阴霾

让我们在猎杀的道路上

奋起直追、不顾一切

为的

只是报答母狼那一刻的温纯

……

——【狼性宣言】

在一个狼群之中，只有一条母狼，也就是头狼的元配。在整个狼群中，母狼不仅仅起到繁衍生息的作用，还起到中层管理者的作用，它要帮助头狼管理好群狼。当然，它和头狼的管理模式是不一样的。如果把头狼的管理当做"硬性"管理的话，那么母狼的管理就是"软性"管理，一个狼群，具备了"软硬兼施"的管理模式，还有什么理由管理不好呢？

相比较而言，母狼的管理似乎更有效果，无论是一个眼神、一次舐舐都会让狼群振奋不已。这是母狼对狼群的关心，也是狼群无穷斗志的源泉。

世界知名的东芝公司，在成立将近百年的时候曾一度陷入困境。此时，士光敏夫出任董事长。士光上任后，经常一个人前往各工厂听取工人的意见，跟工人聊天。身为大公司的董事长，步行到工厂已非同寻常，更妙的是他常常提着酒瓶去慰劳员工，与他们畅怀共饮。士光这种不摆架子、慈祥关怀的姿态，赢得公司上上下下的好感。员工反映，"士光董事长和蔼可亲、有人情味、善待我们，我们更应该努力，竭力效忠。"由此，他上任后不久，收支情况大为改观，两年内便把一个亏损严重、日暮途穷的公司重新支撑起来，使"东芝"成为日本最优秀的公司之一。

由此可见，感情因素对人的工作积极性影响巨大。之所以具有如此能量，正是由于它击中了人们普遍存在着"吃软不吃硬"的心理特点。我们的管理者也应当灵活地运用这一"攻心术"，通过感情的力量去鼓舞员工。

通过加强与员工的感情沟通，关心、爱护员工，让员工了解你对他们的重视与关怀，并通过一些具体事例表现出来，可以让员工体会到领导的关心、企业的温暖，从而激发出主人翁责任感和爱厂如家的精神。

关爱的最大特点就是关注细节。其实，一些小事足可以折射出管理者品质的整体风貌，大家会通过一些小事，去衡量你，评判你。小事往往是成就大事的基石，这两者之间是相互联系，相互影响，相辅相成的。管理者要善于处理好这两方面的关系，使两者相得益彰。比如：

1. 留意每个节日与每个员工的生日

节日庆祝与生日礼品不仅仅意味着对员工的关怀，还可以调剂日常的工作氛围。在传统节日到来的时候，可以依据节日内容的不同搞一些适当的活动，如春节的红包、儿童节时送给员工孩子的礼物、中秋节的月饼等等，将关怀一点一滴地送出。

现代人都有祝贺生日的习惯，生日这一天，一般都是家人或知心朋友在一起庆祝。聪明的管理者善于"见缝插针"，使自己成为庆祝的一员。有些管理者惯用此招，每次都能给下属留下难忘的印象。

2. 关注员工的健康状况

对员工健康情况的关注已不仅仅局限于"医务室"的设立，很多知

名企业为本公司员工聘请专业的健康咨询专家，其任务就是定期检查员工的身体及精神健康状况，从举办健康讲座到为每个员工量身定制自我的健康计划。有些企业还与健身中心或当地的健康俱乐部相联系，为员工的个人健身提供便利。

3. 下属住院时，亲自探望

一位普通的下属住院了，他的上司亲自去探望时说："平时你在的时候感觉不出来你做了多少贡献，现在没有你在岗上，就感觉工作没有了头绪、慌了手脚。安心把病养好吧！"结果，这个下属感动不已，出院后十分卖力，为公司挣了更多的钱。

4. 不要忽视工作餐

午餐对于员工来说，是一日三餐中最重要的。很多员工早上吃早餐匆匆忙忙，晚上可能还要加班，将晚餐时间拖后，所以午餐的营养如何对员工的身体健康来说至关重要。现在很多公司都为员工提供免费的工作午餐，有的公司将午餐业务外包，有的公司设有专门的配餐部门，但无论是哪种形式，公司对午餐的营养搭配、品种选择都要予以关注。必要的时候，应该请专门的营养师进行营养调配，当然，有个性化的营养摄入指导是再好不过的了。

5. 保证员工的工作安全

强调安全工作是对员工生命的尊重和关心，光在口头上空谈安全的重要性是远远不够的。安全信息必须不折不扣地传达到一线并设立规章制度确保执行。一般来讲，一线领导对于安全责任制度应予以明确。"人"才是公司最宝贵的财富，当工作效率与安全问题发生冲突的时候，要坚持"安全第一"的指导思想。

6. 提供舒适的工作条件

员工选择工作的时候，工作条件是否舒适是重要的参考因素之一。办公地点的选择，办公环境的布置，上下班班车舒适与否，员工专用停车位的设置等都是所要考虑的因素。在公司的某个角落修葺一个小小的吧台，柔和的灯光下可以看看新近出的杂志，对于员工来讲也是很大的诱惑。其实大多数的员工对工作都怀有一点小小的虚荣，很多公司在招聘过程中突出工作条件的优越，也是抓住了大家这样的一个心理。

7. 关心下属的家庭和生活

家庭幸福和睦、生活宽松富裕无疑是下属干好工作的保障。如果下属家里出了事情，或者生活过得很拮据，管理者却视而不见，那么即使管理者对他再好也可能显得假惺惺。

在人的精神世界，那些最大的波澜，最响的雷声，往往是由最细微的行动引起的，这就需要管理者从平常的一点一滴做起，从小处着手，用心去做好每一件小事才能达到"润物细无声"、"四两拨千斤"的效果。如果管理者能在许多平凡的时刻，经常用"毛毛细雨"灌溉员工的心灵，让他们在感动中为你打拼绝对不是一句空话。

【狼性管理说】

管理员工的有效途径不是用规则，而是用情感。一个领导者成功与否，不在于有没有人为你打拼，而在于有没有人心甘情愿地为你打拼。须知，一个关切的举动、几句动情的话语，比高官厚禄的作用还要大上好多倍。让下属在不经意间感受到你的关怀，就会发现，一切都可能是你获得员工信赖和支持的途径。

不可忽视"一块肉"的奖励

虽然只是一小块肉

但在我们眼中

这是一种信任、一种无尚的奖赏

……

——【狼性宣言】

在分配食物的时候，白背狼总是会根据每条狼贡献的大小，给予不同的食物量。如果其中一条狼在这次捕猎过程中是"功臣"，那么在最后，就会分到额外的一块肉，或者就是最好的食物——猎物的内脏。在一般情况下，猎物的内脏都是由头狼、母狼来享用的，现在头狼把它让出来，留给狼群，对于狼群来说，这不就是一个无上的光荣吗？那么在下次猎杀的时候，难道不会更加卖力吗？

虽然说，这仅仅是一些小恩小惠，可是偏偏就是这些小恩小惠能有效地调动群狼的积极性。小恩小惠的好处就在于：因为"小"，所以它可以经常给予，这种随时的感情轰炸弥补了年度或季度奖励的漫长等待。小恩小惠的好处还在于它的形象性，以及及时贴近员工心理的灵活性。

年度的宏大奖励固然让员工心动，可请他们吃一回生日蛋糕也能让他们兴奋一阵子。

在办公室加班的凯利正感到有点疲倦和饥饿的时候，他最喜欢光顾的一家意大利餐厅的外卖员送来了意大利点心，他又高兴又觉得新奇，到底是谁送来这美味？这时，电话响了，是老板吉米，"凯利，味道怎样，累了就早点休息吧！"凯利感到他责任重大，这样关心人的老板，怎么能让他失望呢？

小恩小惠不仅仅是食物，可能是突如其来的一束鲜花，也可能是一次郊游活动，一份新年的小礼品。小恩小惠可以根据员工的喜好给予。

美国通用电气公司1999年实施了一个称为"快速感谢"的奖励计划。该计划规定，员工可以提名任何一位同事接受价值25美元的礼品券，此礼品券可在指定餐馆或商场使用。据统计，在实施的当年就颁发了1万份礼品券。

对于全职和兼职员工，只要符合相关的奖励标准，星巴克公司就给提供卫生、牙科保险以及员工扶助方案、伤残保险。此外，一家叫工作解决方案的公司会帮助处理员工工作及家庭问题。这种情况在零售业里并不常见，那些享受到这些福利的员工对此心存感激之情，因而对顾客服务更加周到。

这些都是小恩小惠的例子。

人是感情动物，小恩小惠让工作充满了关心和亲情，让大家感到就像一家人，让工作充满了生活气息，让枯燥的办公室生活有了活力。

聪明的管理者懂得掌握小恩小惠的时机：节假日，加班，员工不开心的时候，工作很单调的时候，冲刺任务的时候等等。那些享受到小恩小惠的人，其工作热情和积极性必然会越来越高。

奖赏是一门艺术。作为一个领导者，应当学会用艺术的方法对员工进行奖赏。为了加大激励的作用，使每一次激励都给员工带来新鲜感，上司要善于创造和运用丰富多彩的激励方式。

往往是我们的激励方式太陈旧、太单调、太传统，几十年一贯制，最流行的还是发张奖状给点奖金，但效果不太理想，员工兴奋不起来。

其实，只要上司开动脑筋，就会想出不少新颖的激励方式，上司可根据企业情况推出灵活多样的激励方式。

许多领导者迷信"重赏之下，必有勇夫"这句话，因而使出了"尚方宝剑"，企图以重赏的方式来带兵，以期能带动工作。可惜的是，由于许多领导者不注意奖赏的方法，不但未能收到预期的效果，反而使公司内部矛盾重重，冲突不断，造成公司工作效率低下、优秀员工大量流失等后果。

奖赏并不是一味的物质奖励。如果你想要员工对目前及将来的工作环境产生好感，除了及时给予员工的正常薪酬之外，新颖的奖励方式也是不可或缺的要素。

狼
性
管
理
——
企
业
傲
然
生
存
的
狼
性
管
理
法
则

对于管理者来说，要想提高员工工作的积极性，除了要给予正常、合理的薪酬之外，还要懂得给予一些额外的奖赏。当然，这样的奖赏并不要求有多大、多实惠，聊表心意即可。在很多时候，这些小奖赏所起到的作用能让管理者大吃一惊。

内部竞争推动狼群不断进步

有时

我们是无话不谈的兄弟

有时

我们又是龇牙相向的对手

为了一个地位

为了一块食物

从兄弟到对手

仅仅只有 1 秒钟的距离

这就是我们

伟大的狼群

……

——【狼性宣言】

狼不仅仅会在狼群之间竞争，以获得足够大的地盘，狼群内部也会进行竞争。内部竞争的因素有很多，比如说条狼自身地位的提高、食物数量的增加等，无论是哪一种因素，都会产生一个结果：推动狼群不断进步。

团队精神在很大程度上是为了适应竞争的需要而出现并不断强化的。这里提及的竞争，往往很自然地被我们理解为与外部的竞争，事实上，团队内部同样也需要竞争。

什么是内部竞争呢？即在团队内引入竞争机制，有利于打破另一种形式的大锅饭。如果一个团队内部没有竞争，开始的时候，团队成员也许会凭着一股热情努力工作，但时间一长，员工就会发现无论是干多干少，干好干坏，结果都是一样的，每一个成员都享受着同样的待遇，那么他的热情就会减退，在失望、消沉后最终选择"做一天和尚撞一天钟"的方式来混日子，这其实就是一种披上团队外衣的大锅饭。通过引入竞争机制，实行奖勤罚懒，赏优罚劣，打破这种看似平等实为压制的利益格局，团队成员的主动性、创造性才会得到充分的发挥，团队才能保持长期活力。

海尔集团把企业变成了赛场，让每位员工参赛，提出"变相马为赛马"的理念。

海尔的赛马规则包括三条原则：一是公平竞争，任人惟贤；二是职适其能，人尽其才；三是合理流动，动态管理。对人才的任免考核讲求公平、公正、公开，简称"三公"，决不搞"暗箱操作"。所有的员工都可以参赛，所有的岗位都是赛场，人人能升迁，而且向社会全面开放，不分年龄大小、身份贵贱、资历高低，只要有技能、活力、奉献精神和创新精神，这里就是人才驰骋的赛场。

为了保持企业领导阶层的活力，海尔经常会根据员工的"赛马"业绩，选拔、吸收和提拔具有相应专业知识、管理知识和领导能力的干部，为企业内部不断注入、更新新鲜血液，不断调整企业干部队伍的知识结构和年龄结构。

海尔按照"破格提拔"与"阶梯晋升"相结合的原则进行职位提升，即只要员工工作绩效突出，又具备相应的素质能力结构，可以胜任较高职位要求，那么员工个人就可以按照规定的步骤得到升迁和提升。同时员工的申报很简单，只需要进入公司的人才库就可以竞争上岗，在聘任之后也享有相应的待遇。

　　海尔也鼓励那些年龄偏大、知识能力结构已经不能再胜任职位要求的员工转到公司兴办的第三产业中去，担任管理职务。一方面，这些工作对专业知识、技术能力的要求不高，另一方面，这不但可以使"转业"员工工作丰富化、扩大化，调动其工作积极性，还能优化公司的人力资源利用率。

　　海尔的赛马机制实际上是一个发现人才和培养人才的动态循环过程，即：实践——认识——再实践——再认识的过程。这个机制最初体现在海尔内部实行的"三工转换制度上"。

　　这个制度是将企业员工分为：试用员工、合格员工、优秀员工，三种员工实行相互转化。努力的，可以从试用员工转为合格员工甚至优秀员工，即"三工上转"；不努力的，则会由优秀员工转为合格员工或者试用员工，即"三工下转"。也就是说，如果在考核期间不能按要求完成生产任务或者有较为严重的违纪行为，则进行"三工下转"，情节严重者将退到劳务市场甚至被企业淘汰。

　　海尔还为这个赛马规则制定了细致科学的工作绩效考核制度，让所有员工在升职、降级、获胜、淘汰的动态竞争中良性发展。每次考评之后公司都会按一定比例重新确定试用员工，这样，每个员工都会有危机感，他们都明白自己面前是一个赛场，既面临着机遇，也面临着挑战。市场竞争是残酷无情的，优胜劣汰是铁一般的规律，"谁砸企业的牌子，企业就砸谁的饭碗"。于是，一种新的理念也就在海尔人的心中树立起来：今天如果工作不努力，明天就要努力找工作。因此，任何员工，都不可能满足于已有的成绩，只有创业，而没有守业；谁守业不思进取，谁就会被严酷的竞争淘汰出去。

　　在海尔，除总裁之外的所有职位都面向外界实行公开竞聘。海尔的人力资源中心每个月都会公布一次职位空缺状况和招聘条件，然后再经过严格的实际考核、笔试和面试，使每一个人都有机会找到一个位置，充分发挥自己特长和实现自身价值。

　　同时，海尔在其"赛马"机制的基础上又提出了"斜坡球体人力发展论"。海尔认为：每个人都好似在斜坡上上移的球体，市场竞争越是激烈，企业规模做的越大，这个斜坡的角度也就越大。员工的惰性是人才发展的强大阻力，只有提高自己的自身素质，克服惰性不断地向目标前进才能发展自己，否则就只有滑落或者被淘汰。

【狼性管理说】

在团队内部引入竞争机制，有利于团队结构进一步优化。团队在组建之初，对其成员的特长未必完全了解，分配任务时自然也就不可能做到人尽其才，才尽其用。引入竞争机制，一方面可以在内部形成"学、赶、超"的积极氛围，推动每个成员不断自我提高；另一方面，通过竞争的筛选，可以发现哪些人能适应某项工作，保留最好的，剔除最弱的，而实现团队结构的最优配置，激发出团队的最大潜能。

IV 篇

狼亦有道，把握狼性企业的发展根本 ❯❯

狼群要想发展，食物和捕猎技巧都是根本；企业要想发展，创新和企业文化都是根本。做好企业的创新管理和企业文化管理是发展之道，也是每一个管理者应该尽最大努力做好的事情。

狼性管理
LANGXING GUANLI

第八章

创新管理——狼群要随猎物不断创新

　　毋庸置疑，创新是企业长盛不衰的根本。产品创新、技术创新、制度创新、组织创新，企业是在不断的创新中呈螺旋式上升成长的。可以说没有创新，企业就没有生命力。墨守成规的企业实在太多，也才会有这么多的企业走向败亡。创新是一种行为而非口号，需要创新者去做去实施。而创新者的最大特点是：永不自满，居安思危，不断地把企业放在新模式的风口浪尖之上，然后立即把眼光投向下一个机会。

绝不安于现状的狼群

任何一只猎物

都有它的逃跑方向

如果

我们使用追寻前一只猎物的方法

来对付现在的猎物

毫无疑问

我们只能失败

对于我们来说

安于现状是最大的威胁

也是最大的侮辱

……

——【狼性宣言】

　　虽然生活对于很多人来说都是按部就班的：朝九晚五、一周双修、每天坐同样的公车上班、在办公室做同样的工作、每个月领同样的薪水……但是我们身边的一切都在变化，要么逐渐发展，要么渐渐消亡。面对这些变化，我们必须走出现有的圈子，懂得创新，学习新的知识。

　　白背狼深深懂得这一点。在它当上头狼以来，除了把食物供应当做狼群的首要目标之外，还把猎杀的技巧当做狼群训练的主要方向。因为它明白，如果不懂得对猎杀技巧进行训练和创新，那么食物的供应就会受到影响，从而使狼群的生存受到威胁。

　　具体到日常的捕猎生活中，白背狼又是怎么做的呢？

第一，白背狼不会连续几天在同一个地方捕猎。了解狼群的人都知道，每次狼群出去捕猎，都不会和前一天捕猎的路线相同。这并不是头狼随机选择的结果。通过对白背狼的研究，人们发现，白背狼每次选择不一样的捕猎特点，是为了不让自己的狼群陷入到固定的猎杀模式之中。

每天我们都在同一个公司上班、在同一个办公桌上做事、做同样一件事情，就很容易就陷入到一种固定的模式当中，一旦其他情况有变，我们就很难有所突破和创新了。

白背狼明白固定一个模式对于狼群的发展和创新是非常不利的。一旦狼群适应了某个地区的地形和猎物之后，到了其他地方就可能不适应，猎杀就会失败。为了打破这一点，每次猎杀，白背狼都会选择不同的地方进行，这样不仅训练了狼群的应变能力，还让狼群的捕猎技巧得到了创新。

第二，白背狼不会规定谁是围捕者，谁是猎杀者。

在以往的狼群中间有着明确的分工，特别是在猎杀之时，谁承担什么责任，头狼都会分配得非常清楚。但通过对白背狼群以及西伯利亚周围狼群的观察，人们发现结果不是这样的。它们之间的身份是互通的，变化的，即这条狼今天是围捕者，明天可能就是猎手。

为什么要这样呢？同样是为了创新。一旦一条狼陷入了某个身份固定的模式当中，就会安于现状，如果身份改变，它们就会因为适应不了新角色而被淘汰。

第三，白背狼不会只猎杀同一种猎物，除非是迫不得已。

对于狼群来说，真正的老师并不是老狼，而是猎物。猎物不同，狼群所需要采取的捕猎技术也是不同的。虽然狼群普遍比较喜欢猎杀羚羊，但是白背狼不允许自己的狼群每天都捕猎羚羊，这同样是为了狼群本身考虑。

第四，白背狼不会只利用一种战术，而是随时改变。

在人类的眼中，狼群捕猎无非就是使用一种战术：先围捕，再猎杀。事实并非如此。狼群在捕获猎物的时候，会使用不同的战术，比

如说群追术、分段追击术、一对一战术、大规模的围捕术……不同的猎杀环境、不同的猎物、不同的群狼数量都影响狼群最后使用的战术。

综上，这些都是白背狼群为了创新而使用的方法。

一个团体，一种组织，只要它能够生存并发展成为一种势力，以致对全局有所影响，必定具有了一种特殊的创新精神。这种创新精神是团队不可缺少的，也是团队管理者不可缺少的。一旦管理失去了创新，那么整个企业、团队就如同陷入到泥潭之中不可自拔。

在市场迅速变化，特别是在科技发展日新月异的今天，可以说，有效的创新是企业的生存之本。

新生事物往往包含着巨大的发展潜力，任何企业如果能够勇于接纳，并科学地运用，将会给自身带来可观的经济效益。企业不要忽视任何一个新鲜的想法，有时候，超越常人理解范围的做法和古怪的行为可能就是创新思想的重要来源。

【狼性管理说】

要想让企业获得生存和发展，很关键的一点就是要找到方向和立足点。如何在被同行业、竞争者重重包围的商场中找到方向和立足点呢？法宝就是创新，和同行区别开来，并且高于他们，让他们望尘莫及。

创新关乎狼群生存

我们要生存
我们要猎杀
在不同的地方

在不同的环境

对着不同的猎物

一次又一次

勇猛地扑上去

即便最后倒下来

也要给后来者

树一面鲜红的旗帜

......

——【狼性宣言】

白背狼之所以这么苦心孤诣地让自己的狼群不断创新，因为它知道，如果失去了创新就相当于狼群失去了牙齿，再也无法猎杀猎物，那么就等于死亡。

"变化是唯一的永恒"。今天，公司可以凭借自己的最佳方案和优秀理念达到事业的巅峰，可是竞争者马上就会接踵而至，明天就可能超越自己。卓越的领导者已开始意识到，有针对性地推进变革是他们的唯一选择。

联想在发展前期，虽然有着很多艰难困苦，但规模小有规模小的好处，毕竟"船小好调头"。事易时移，联想目前员工超越一万人，规模已空前扩大，不是个人能力能够守得住的，联想必须从制度上根除种种顽疾，防患于未然。

作为一家从纯国有走过来的企业，联想有着严重的"大企业病"。柳传志发现：联想集团的"大企业病"不是原来没有，只是在市场环境较好的情况下没有暴露出来罢了。杨元庆认为，联想集团"大企业病"表现得相当突出，比如工作效率降低，尤其是客户的问题不能及时得到处理和解决；各个部门各自为政，形成一堵封闭的墙，而客户的问题往往是提给联想整个界面的，大家一看到这个问题牵扯到的部门太多，不是将这些信息转到其他部门，就是暂时搁置起来，这大大降低了企业运转的效率；再就是沟通，特别是最高层沟通的问题，企业高层变

得越来越有"面子"，他们不会轻易地主动去找别人，而是等着别人来找自己沟通，下面反映的问题得不到及时解决，致使大家的惰性越来越严重。

针对发现的问题，柳传志决心将改革围绕"静态的指责＋动态的目标"两条主线展开，建立目标与职责协调一致的大岗位责任考核体系，形成包括指责分解、目标分解、目标与职责结合和考核实施等四个部分在内的具体管理实施框架。其基本做法是：

首先明确公司宗旨，也就是公司存在的意义和价值，在此之下确立公司的各个主要增值环节、增值流程，比如市场——产品——研发——工程——渠道——销售等，然后确立完成这些增值环节、增值流程所需要的组织单元，从而构建组织结构。部门为实现其宗旨而应履行的工作责任和应承担的工作项目，界定了部门在公司增值流程中的工作范围和职责边界。工作流程包括工作本身的过程、信息系统与管理控制过程，实际上也就是在部门内部、部门与部门之间、处与处之间建立职责的联系、规章和规范，从而理清了公司宗旨、部门职责以及部门为履行职责而应遵循的工作流程，职责最终落实到具体的岗位上。

以上按照职责这条主线进行的职责分解，同时以工作流程的方式，使各部门、岗位之间的职责和工作关系有机地协调起来。企业员工不仅要明确自己的职责，还要有远大的目标，要透彻理解企业发展战略，并把企业发展目标作为自己的目标，使企业和个人共同进步，并在工作中实现每位员工的价值，从而保证每个岗位的工作都是企业目标的有机组成部分，使每个人的工作都与公司发展密切相关。

联想的经营指导思想是在每个员工、每个部门的具体工作任务或工作目标上，尽量用数字明确，不能用数字明确的，再就实际情况具体分析。柳传志认为在这样的改革方针下，联想集团在业务体系上做出了严格规定：一方面，业务规划要与每年的经营预算和业务模块的预算建立联系；另一方面，持续改进企业运作环节的各个方面。

联想通过严格的制度化目标管理体系，有效地实施了对"大企业病"

的预防措施，把企业战略规划过程与人力资源管理过程紧密连接在一起，从而使联想的雄厚实力、丰富资源和巨大影响得到充分发挥，同时不失创业初期的激情。

联想注重目标导向，考核项目跟规划目标及内容紧紧相扣，还注重建立共同的管理理念和共同的工作习惯，以提高管理与沟通的效果，使考评系统具有较强工作关联性；结合员工的可接受度，建立时效性极强的业务执行系统。所有这一切使得联想目标考核体系显得扎实而有效。

"大企业病"说到底是组织制度层面的，是组织结构由于规模放大和发展阶段提升，不适应变化了的市场环境所带来的制度性危机。联想是高科技企业，身处高速发展、机遇不断的 IT 领域，要想有效地应对变化和挑战，保持基业常青，必须在固守理念的同时全方位刺激创新，不仅要在企业领导人的管理方式上有所调整，更要在制度和体制层面上进行大刀阔斧的组织变革和创新。

【狼性管理说】

对于企业来说，要想基业长青，永葆青春，很重要的一点就是必须让别人看到你的新颖之处。如果没有，顾客凭什么购买你的产品和服务？客户为什么要光顾你？竞争者为什么要向你屈服？创新是企业生存的根基，也是发展的唯一动力。

创新激发狼群活力

每天
我们都在奔跑和厮杀
但是每天

狼性管理

——企业傲然生存的狼性管理法则

都是崭新的一天

除了倒下的都是新鲜的猎物之外

我们的脚步

我们的牙齿

也从来没有在同一个地方停留

活力

让我们活得更有风度和自信

……

——【狼性宣言】

一个死气沉沉的狼群，必定是一个不懂得在新环境下猎杀新鲜猎物的狼群，对于这样的狼群来说，迟早有一天要遭到淘汰。

同样的道理，一个死气沉沉的企业，必定也是一个不懂得创造新产品、新服务的企业，在别人不知道走过多少遍的老路上徘徊前进，最终有一天要被对手淘汰。

领导者要让创新意识成为企业上下每个人的思考习惯，把公司里每个人的创造力都调动出来。除了内因的影响力，如员工个人精益求精的工作态度与主动求变的意识之外，在外因建设上，领导者还要创造一个适合创新的企业氛围。

"要么创新，要么灭亡"的呼声在现代管理中日渐响亮。创新是指形成一种创造性思想，并将其转换为有用的产品、服务或作业方法的过程。富有创新力的组织能够不断地将创造性思想转变为某种有用的结果。

3M公司以其卓越的创新能力而著称，从组织结构到公司文化、人员管理，3M公司都形成了一种激发创新的氛围。

3M视革新为其成长的方式，视新产品为生命。公司的目标是：每年销售量的30%从前4年研制的产品中取得。每年，3M公司都要开发200多种新产品，它那传奇般的注重创新的精神，已经使3M公司连续多年成为最受人羡慕的企业之一。

3M 公司认为新产品不是自然诞生的，其知识创新秘诀之一，就是努力创造一个有助于创新的内部环境，建立有利于创新的企业文化。公司文化突出表现为鼓励创新的企业精神。3M 公司的核心的价值观是：坚持不懈，从失败中学习，好奇心，耐心，事必躬亲的管理风格，个人主观能动性，合作小组，发挥好主意的威力。

英雄：公司的创新英雄向员工们证明，在 3M 宣传新思想、开发新产品是完全可能取得成功的，而如果你成功了，你就会得到承认和奖励。

自由：员工不仅可以自由表明自己的观点，而且能得到公司的鼓励和支持。

坚韧：当管理人员对一个主意或计划说"不"时，员工就明白他们的真正意思，那就是，从现在看来，公司还不能接受这个主意。回去看看能不能找到一个可以让人接受的方法。

对于一个以知识创新为生存依托的公司而言，3M 公司知道，有强烈的创新意识和创新精神的知识员工，是实现公司价值的最大资源，是 3M 借以达到目标的主要工具。因此，3M 的管理人员相信，建立有利于创新的文化氛围是非常重要的。主要在于：

·尊重个人的尊严和价值，鼓励员工各施所长，提供一个公平的、有挑战性的、没有偏见的、大家分工协作式的工作环境。

·尊重个人权利，经常与员工进行坦率的交流。主管和经理要对手下员工的表现与发展负责。

·鼓励员工发挥主观能动性，为其提供创新方面的指导与自由。冒险与创新是公司发展的必然要求，公司要在诚实与相互尊重的气氛中给予员工鼓励和支持。

3M 公司在组织结构上采取不断分化出新分部的分散经营方式，而不沿用一般的矩阵型组织结构。组织新事业开拓组或项目工作组，其人员来自各个专业，而且全都是出于自愿。提供经营保证和创新奖励，只要谁有新主意，他可以在公司任何一个分部求助资金。新产品搞出来后，不仅会得到更高的薪金，还包括晋升。比如开始创新时是一位基础工程

师，当他开发的产品进入市场，他就变成了一位产品工程师；当产品销售额达到 100 万美元，他的职称、薪金都变了；当销售额达到 2000 万美元时，他已成了"产品系列工程经理"；在达到 5000 万美元时，就成立一个独立产品部门，他也成了部门的开发经理。

3M 公司还通过正确的人员安置、定位和发展来提高员工的个人能力，从而激发创新。3M 公司鼓励每一个人开发新产品，公司有名的"15% 规则"允许每个技术人员至多可用 15% 的时间来"干私活"，即搞个人感兴趣的工作方案，不管这些方案是否直接有利于公司。当产生一个有希望的构思时，3M 公司会组织一个由该构思的开发者以及来自生产、销售、营销和法律部门的志愿者组成的风险小组。该小组培育产品，并保护它免受公司苛刻的调查。小组成员始终和产品呆在一起，直到它成功或失败，然后回到各自原先的岗位上。有些风险小组在使一个构思成功之前尝试了三次或四次。每年，3M 公司都会把"进步奖"授予那些新产品开发后 3 年内销售额达 200 多万美元，或者在全世界销售达 400 万的风险小组。

3M 公司是鼓励创新奖的最佳范例，它的生产大到采矿设备小到民用胶水等数十万种产品，每年都有新产品诞生。HP 的创始人之一休利特先生在被问到谁是他最为崇拜的模范公司时，他毫不迟疑地回答说："3M 公司。你永远不知道他们下一步会推出什么。但是，即使永远不能预测 3M 会做什么，你却知道这家公司会继续取得成功。"

有三类因素可以用来激发组织的创新力。这些因素是以成果为重、追求远大绩效、将奖励与目标挂钩。

1. 以成果为重

谈到创新，领导者往往会说："我们怎么知道够不够创新？"一个简单明了的标准就是，只要公司能达到绩效目标，就表示够创新。这也表示企业在接受任何重大的改变前，都要先设定绩效目标。但实际上，大部分的企业都是在流程设计好后，再来决定评估措施与绩效目标的。如果要有效地促进并评估创新，就必须从评估措施入手，并以目标作为一切评估的根据。同时真正的目标应以成果为重，而不以达成目标的手段为重。

　　每家公司都有各自的目标和评估要求，因而也就不存在一套固定的评估措施样板。创新和评估可以说是息息相关的。评估措施应该能告诉员工，他们需要完成哪些事，而不是要怎么做。此外，评估措施也应该能告诉管理者，业务朝目标迈进了多少。只有这样，才能有效地激励组织成员。

　　2. 追求远大的绩效

　　远大的目标对于激发创新有很大的影响。如果绩效目标订得不好，公司就失去了激励员工创新的重要工具。设定远大的目标是激发创新观念的关键。

　　公司在订立远大目标时，应该对良好的表现给予奖励，即使目标没有达成也要奖励。因为这总好过降低标准、只奖励达到平凡目标的人。

　　订立积极进取的目标是创新的动力。当你的目标是远大的时，你就必须把焦点集中在整个组织上，大刀阔斧地改革，如此才能促进创新。

　　3. 把奖励与目标挂钩

　　要有效地促进创新，还必须使组织的报酬制度与评估措施相结合，所有的奖励措施都应该以结果为依据。

　　奖励应该针对员工所能掌控及影响的事情。他们必须有办法调整自身行为，以带来更好的结果。但假如要求他们对无法掌控的结果负责，这不仅有失公允，到头来更会打击士气。

【狼性管理说】

　　从表面上看，企业是否具备活力关键在于员工是否具有活力。其实不然，企业是否具备活力关键在于企业是否实行了创新管理。一旦一个员工的创新受到了表彰，那么所有的员工都将学会创新，这样的企业难道会没有活力吗？

超越经验是一种战略

死去的羊已经死去了

随它一起死去的

还有我们猎杀的脚步和撕咬

现在的我们

要面对新的羚羊

新的追逐和扑杀

忘记过去

面对未来

这就是我们每天要做的事情

……

——【狼性宣言】

面对死去的猎物，狼群在吃完之后除了会利用自己的嗥叫声表达心中的情感之外，很快会做另外一件事情，那就是忘记。

狼群之所以不和人类一样对自己的行为进行总结，是因为一旦总结，就会陷入到经验、模式之中，那么也就难以超越自己了。

无论是产品创新、结构创新还是体制机制创新，若不将其提升到战略的高度来对待，这样的创新就根本谈不上真的创新。因为真正的创新不仅仅只是听说的空洞的转变，而是使每个人都清晰、可行的策略转变，只有这样才能实现真正的创新。创新的过程必须有计划地进行，在一个出色计划的指导下，效果也许会更出色。

海尔总裁张瑞敏有一句名言，叫"大处着眼，小处着手"。所谓

"大处着眼"，就是要以战略家的眼光、气魄和谋略求发展。张瑞敏说过：企业发展实际上就是战略转移的阶段性连接，只有新的战略不断地、不失时机地替代旧的战略，才能不断促使企业达到新的高度，从而赢得长期持续的发展。可以说，海尔的成功与其不断根据内外部环境的变化不失时机地以新的战略代替旧战略，顺利实现不同阶段上的战略转移是分不开的。所谓"小处着手"，其精髓思想就是张瑞敏的那句名言："什么叫做不简单？能把简单的事天天做好就是不简单；什么叫做不容易？大家公认的非常容易的事情，非常认真地做好它，就是不容易。"海尔能够从战略层面上将人力资源开发与管理纳入到企业发展的轨道加以考虑、规划和实施，并取得可观成效，这一点确实不容易。

凭借科技开发市场机制运作保障，海尔在战略转移上采取了市场细分化的设计，将市场细分为若干小市场。大市场上一个产品满足不了多种需求。比如电冰箱，在北京，凡高档的、最高技术的产品，都十分畅销。可是，这种产品到了上海就不一定受欢迎。所以，海尔采取的市场细分化就显得至关重要。最初，海尔冰箱在上海销售不佳，后来调查了1000个家庭，发现上海家庭格局较小，更需要占用面积小的冰箱，于是他们专门开发了"小小王子"。可是，"小小王子"一到广西就遇到了障碍，因为广西一年四季都有水果，用户并不需要太大的冷冻室、冷藏室，而是希望能有一个专门装水果用的保鲜室，于是海尔又单独开发了一个广西用的"果蔬王"。经过这种市场细分策略，海尔几乎每天都会不断发现新的市场。

海尔有一个在国外都广为流传的成功案例，就是他们专为农民用户开发用来可以洗地瓜的洗衣机。当时，海尔了解到四川农民用洗衣机去洗地瓜，但是洗下来的泥巴常常堵塞水管，从而影响了洗衣机的寿命。海尔抓住这一商机，设计了洗地瓜的洗衣机，开拓了一个新市场。这一案例最后在英国《金融时报》上被刊登，引起国外企业界的一片喝彩。甚至有人说，如果中国企业都能运用这么一种方式思维的

话，那就太可怕了，它会占领市场的每一个角落。其实，设计一个洗地瓜的洗衣机并不困难，难的是拥有海尔人那样的思维空间和拓展能力。

海尔在战略转变时考虑最多的因素，其实还是消费者的满意度。顾客永远是上帝。海尔在此基础上进一步做出"真诚到永远"的全方位承诺，以及"国际星级服务一条龙"的新概念，从而使海尔品牌与用户之间形成一种亲情般的关系。海尔在服务上的自我要求，一是不断向用户提供意想不到的满足；二是让用户在使用海尔产品时毫无怨言。为此，他们在全国各大城市设立了售后服务热线，用户只需一个电话，就可以享受海尔全方位的便捷服务，从而在海尔与消费者之间架起了一座座"新桥"。

在国内各家电企业也开始注重产品质量的时候，海尔却将重点转向了服务。因为在产品供不应求的情况下，名牌的主要内涵是质量；可当供求关系发生相对变化时，服务就显得至关重要了。不过，在产品服务上，海尔与其他企业依然有着观念上的差异。首先，一般企业强调的仅仅是产品的维修、安装、答疑等方面，海尔则在此基础上重视了解消费者的意见、需求，以便掌握产品再开发、再改进的重要途径。

现在的市场变化太快，就像打飞靶一样，不是打固定靶，而是让企业紧盯住用户的难题。换句话说，用户的难题，就是产品开发的课题。海尔在全面强占市场的过程中，正是明确了这一点，才从根本上赢得了用户的支持和信任，也在激烈的市场竞争中占据了主动地位。这是其"改变策略，适应环境"的重要一步。

当初，农村的冰箱市场需求量上升很快，市场潜力非常大。但是，海尔并没有急于将其已有的冰箱销往农村去，而是首先抓住了农村市场的两个重要因素：一个是农村的消费水平相对较低，农民对冰箱的市场价格难以接受；另一个是农村电压不稳定，冰箱引进时，都是以外国电压为标准，电压的波动要求上下不超过5%。他们曾经测过农村的电压，发现电压最低时只有160伏。冰箱就怕低压，因为低压时间久了，压缩机可能被烧毁。经过一番考察研究，海尔最终在研制农村冰箱时，首先把已有的功能大大削减到适合农村的水平，从而降低了价格。同时，重新改造压缩机，让它适应低压启动。这样的冰箱在农村非常畅销，市场占有率一路上升。这也说明海尔在技术上领先一步，并能够针对具体的市场进行产品开发的战略。

海尔的市场观念之一是"只有淡季的思想，没有淡季的市场"。如果用纯哲学的眼光去看这个理念，或许会找出一些瑕疵。但在市场实践中，海尔一直努力用创新思维变淡季为旺季，变劣势产品为畅销产品，从某个角度来说，这也符合"任何事物都具有相对性"的哲学观。

张瑞敏曾在新春寄语中写道：论规模，我们同跨国大公司不是一个数量级……我们惟一可以与跨国公司一致的就是我们的创新精神，我们今后唯一要走的路就是靠创新精神去缩短我们与跨国公司之间巨大的差距。

【狼性管理说】

市场唯一不变的法则就是永远在变。作为企业，只有通过不断地调整自己，适应市场状况，才不至于在优胜劣汰、适者生存的市场规律中惨遭淘汰。

狼群的卓越源于不断创新

如果今天

能在100米的距离将猎物扑倒

那么明天

我们一定会把目标

定位在98米的距离上

如果今天

能一跃咬住猎物的尾巴

那么明天

我们一定会尝试

一跃能咬住猎物的脖子

......

——【狼性宣言】

因为狼群不满足于现状，所以狼群能获得长远的发展；因为狼群不满足于现状，所以狼群能获得不断创新。对于狼群来说，这是一种生存和发展的手段，对于企业来说，这同样是生存和发展的途径。

正如亨利·福特所说："我们总可以做得更好；我们总可以再进一步；我们总可以发现新的可能性。你必须不断行动，不断前进。"

"追求卓越"理念的导入对于企业来说，最重要之处在于培养了一种面对竞争不断地创新进取的企业精神；大家得以不断突破自己的能力上限，创造真心向往的结果，培养全新、前瞻而开阔的思考方式，全力实现共同的抱负。

靠卖软件起家的史玉柱，自然对电脑游戏不会陌生。2004年，史玉柱把几个高管召集在一起开会，讨论再投入网络游戏行业晚不晚。当时中国的网络游戏行业已经高速发展了三年，国内的盛大、网易、九城这三家公司呈现三足鼎立之势，日本、韩国也有不小的市场份额，市场竞争形势不容乐观。但史玉柱还是说服了大家。2004年11月，史玉柱的征途公司正式成立。

2005年11月《征途》推出，两年来，在线人数一路飙升，目前已经成为全球第三款同时在线人数超过100万的中文网络游戏。2006年，《征途》的销售额达到 6.26 亿元，2007 年的月销售收入已经突破 1.6 亿元，月利润直逼亿元大关。

那么，《征途》的成功究竟靠什么？靠的就是不断追求创新、追求卓越的思想。

在史玉柱看来，专注地研究消费者，也是他与其他企业家之间最大的差异。"规模稍大的企业家，往往今天邀这个官员吃饭，明天请那个银行行长打球，他们 70% 的时间属于'不务正业'。我从不琢磨领导各有什么爱好，只一心一意研究消费者，这为我节约了很多时间。"

史玉柱在进入网络游戏后，一刻也不停地研究、创新。"这个行业年轻、浮躁，根本不懂研究消费者，对玩家迷恋什么，讨厌什么一无所知。"为了让玩家更喜欢《征途》，史玉柱先后和 600 名玩家进行过深入交流，并以玩家的需求为原动力进行改造、设计，增加相应功能，甚至不惜把行业内陈旧的条条框框一一打碎。

比如原来在所有的游戏中，玩家要升级就必须打怪，而且打怪很累人，玩家要精神高度集中，双手不停操作，七八个小时不能停。打怪就是让玩家累，折磨人的过程，这似乎天经地义，是玩家进入更高等级时必须接受的考验。

在开发《征途》时，史玉柱问大家："为什么打怪一定要如此枯燥，折磨人？"开发人员回答："所有游戏都是这样。"可史玉柱发现玩家对此并不喜欢，叫苦不迭。

他决定做一个彻底的改变。在《征途》中，玩家打怪不必手忙脚乱，摁个键，电脑自动打，你可以端杯咖啡看着打，实在不行，电脑关了，它自己还能打。这个变化，很受玩家的欢迎。

类似的创新，在《征途》中数以百计。

"我敢说，《征途》是所有游戏中最好玩的，没有那个玩家说不好玩。"史玉柱脸上露出了微笑。

《征途》的成功，还在于它率先推动了免费模式在中国的发展。之前，网络游戏的商业模式是点卡收费模式，即玩家买一张点卡便可上线

玩一段时间，卖点卡也是游戏企业的唯一收入来源。在收费模式中，谁泡的时间越长，装备也就越高级，也就自然越有面子。

史玉柱很快发现这种模式有问题。在游戏中，有钱但没有时间的玩家很多，于是就催生了大量的代练公司和装备交易，让那些有时间的玩家帮别人代练，或者把自己练出的有好装备的账号卖给别人。

史玉柱就曾从一个玩家那里买了一个有顶级装备的账号，花了5万多元，在这笔交易中，卖装备的玩家得了5万元，而研发、经营《传奇》的盛大公司赚的钱却少得可怜，只有几百元。

史玉柱灵机一动："与其让装备在玩家之间卖来卖去，为什么不干脆让公司自己卖？"这一下就让他想到了行业的最前沿。后来他才知道，韩国人也在琢磨这个问题，并率先推出了免费模式，即玩家可以免费上线玩游戏，但要获得"过瘾"的装备，必须掏钱购买。在这种模式中，谁泡的时间长不再重要，重要的是谁花钱买的装备更好，才能在江湖上"吃得开"，有地位。

尽管后来才得知韩国人的免费模式，但史玉柱从一开始就把游戏的玩家定位为两类人，一类是有钱人，他们有钱到为了一件在江湖上有面子的装备根本不在意价格是几千还是几万，另一类人是没钱但有时间，一听不用买卡就能打游戏，没有理由不往《征途》里钻。为了进一步提升人气，史玉柱又开业界先河，使出为玩家发工资的绝招。

这就是免费模式的精髓——让没钱的人免费玩，让有钱的人开心玩，赚有钱人的钱。随着《征途》的横空出世，原来三足鼎立的格局已被打破，《征途》已经成为新的领跑者。

从《征途》的成功中我们不难发现，勇于尝试和不断追求卓越的心态，在人们做事情的过程中起着重要的作用。也只有这样，过去那种为了少背指标、多拿预算而讨价还价的现象才能够完全消失，管理层也将赢得更多的时间和空间来考虑公司的长远发展目标。

的确，一个企业只有不断创新，才能获得生存和发展。当然，创新不应该只是企业内部某个部门的任务，而是整个企业的最高目标，需要企业中所有人的共同努力。因此，企业创新过程中的团队协作精神是保证创新成功的基本条件。

总.之，用创新的思维为企业注入新的活力，开创全新产业是创新战略的目标追求。

【狼性管理说】

创新是一项相当艰巨而漫长的活动，尤其是重大的产业创新绝非一朝一夕所能完成的，有时候要经历无数次的失败和挫折才能取得成功。因此，一个企业要想有所创新，必须有持之以恒的态度和锲而不舍的创新精神。

狼性管理
LANGXING GUANLI

第九章
文化管理——为企业注入狼性基因

　　狼群有狼群的文化，企业也应该有自己的文化。企业职工在从事商品生产与经营中，应该有共同的理想、信念、价值观和行为准则。一个企业，只有统一思想、统一行动，并且充分发挥每个人的积极性和聪明才智，才能使企业走向兴旺发达。做到这一点，单靠行政命令、规章制度和组织纪律的强制性约束是不行的，必须建设优秀的企业文化。成绩卓著的公司能创造出一种内容丰富、道德高尚且为大家所接受的文化准则，一种紧密相连的环境结构，使员工们情绪饱满，互相配合和协调一致，从而做出不同凡响的贡献。

从"狼性"中折射出的企业文化

我们是狼

不是羊

在我们的身上

能闻到血腥的芬芳

也能看到狰狞的面孔

尖锐的牙齿

这是我们狼族的标志

也是我们狼族的骄傲

……

——【狼性宣言】

狼群之所以不是羊群，不仅仅在于狼群身上有着羊群没有的嗜血本性和尖锐的牙齿，还在于狼群身上有着狼性的文化。

其实我们仔细思考一下就会发现，在狼的身上，总是有一种人类无法解析的、也无法完全模仿的内在沟通机制，不光光是嗥叫、姿态、眼神等，还有很多诸如团队精神、分工合作精神、狼群的荣誉感，等等。

这种文化，在人类的企业中被称为企业文化，那么在狼群中，就应该被称为狼群文化。有了狼群文化，狼群才能更好地生存和发展这同样适用于企业。

企业文化是一个企业在长期经营实践中，凝结起来的一种文化氛围、企业价值观、企业精神、经营境界和广大员工所认同的道德规范和行为方式。企业文化已经被越来越多的人视为竞争制胜的法宝。企业文化作为一种以人为中心、以塑造共同价值观为手段的管理模式被许多学者誉为管理的"看不见的手"。企业文化的导向和影响作用虽然是间接的，但却是更持久、更深远、更加根深蒂固的。

我们常说企业文化是一种力量。那么这个"力"有多大？这个"力"表现在哪些方面？从一些企业文化搞得好的国内外企业来看，企业文化力，首先是凝聚力，第二是激励力，第三是约束力，第四是导向力，第五是纽带力，第六是辐射力。这六种"力"，也可以叫做六种功能，是企业文化的凝聚功能、激励功能、约束功能、导向功能、纽带功能、辐射功能。企业文化的这六种力量、六大功能，在未来企业的发展中将越来越明显、越来越强烈地表现出来。所以，企业是一种人们观念、情感、意志和愿望的聚集，是一种为生命的本质意义而存在的组织。

当然，建立一种优秀的企业文化不是一件容易的事情，它需要所有的管理者为之付出大量的心血。只有当企业文化渗透到员工内心，形成企业内部的伦理和大多数员工共识的观念，让员工真正明白企业追求的价值，才能自觉维护企业的利益，更加积极地投入到工作中，真正做到自觉、自立、自学、自新。

那么管理和文化如何融合到一起呢？

随着企业生产经营的发展，企业总是把那些能促进企业发展的观念和意识提炼出来，使其上升到一定的高度，从而成为企业生产经营中的主流意识，然后再用来指导人们的行为。

众所周知，认识生产力中最活跃的因素，也是企业经营管理中最难把握的成分。企业的发展需要全体员工具有强烈的向心力，需要把所有人的聪明才智都集中到企业的经营目标上来，企业精神恰好发挥着这样的效能。

现代企业管理尤其强调人的因素和人本管理并不是没有道理的，企业精神正是这样一种共同的理想，它将全体员工凝集在一面大旗下，最大限度地发挥人的主观能动性，既给人以理想、信念、鼓励，也给人以约束。

下面就来看看北大方正的"标识"文化：

北大方正集团是北京大学创建的高新技术企业。创造科技与闻名，

是北大方正的一贯宗旨，集团坚持以人为本，以创新为先导，产学研结合，不断地以优质产品和技术服务于社会。

公司的文字商标——"方正"，确定于 1991 年 1 月，具有以下意义：

1. "方正"，即一方之正、一方之中、一方之主，指北大方正电子出版系统为世界中文电子排版系统和排版技术的主体和正宗，在中文电子排版领域居于国际领先地位。

2. "方正"，指人的行为、品性正直无邪，是公司全体职工恪守的行为规范和道德准则。

3. "方正"，即方方正正，规规矩矩，既体现了公司依法经营、诚实经商的经营之道，又反映了公司从领导到职工朴实无华、诚恳待人的处世态度和严谨求实的科学精神。

4. "方正"，即八方之正，有包容各方优势的含义，体现了公司广采世界最新技术的开阔视野和吸纳天下一流人才的博大胸怀。

5. "方正"含基础雄厚、功底扎实、稳步发展之意，表明公司有巨大的发展潜力，塑造了公司为发展和壮大民族工业，拼搏奋斗，领袖群伦，戒骄戒躁，不断进取的企业形象。

6. "方正"寓巧于拙，富有沉稳感，蕴含了公司以质量求生存，以信誉求发展和用户至上、服务第一的经营理念。

7. "方正"体现了汉字作为方块字的特点，以"方正"为商标，能与公司的核心技术——汉字字形信息压缩和复原技术、公司的拳头产品——中文电子排版系统产生有机的联系。

8. "方"、"正"二字形声俱佳。从字形上看，形体匀称；从声调上看，节奏鲜明，易达到深入人心的效果。

9. "方正"一词，词性属中，不激不励，雅俗共赏，能为各个层次的人所接受；同时，"方正"一词简繁体相同，便于拓展国内和海外市场。

10. "方正"一词与"北大"相连，从形式上看十分和谐；从内容上看，变现了北大的精神意蕴。

总之，以方正为文字商标，既反映了公司的产品特点，又体现了公司的企业文化精神，达到了形神兼备的境界。

方正不仅是企业名称，"方正"二字的含义早已成为方正集团公司的企业文化。

企业精神一旦形成，便形成一种群体心理定势，既可以通过明确的意识支配人的行为，也可以通过潜移默化的作用使人产生行动力，从而大大提高员工主动承担责任、修正个人行为的自觉性，使员工主动地关注企业的前途，维护企业的声誉，为企业贡献自己全部的力量。

塑造优良的企业文化是企业迈向成功的第一步，更是企业能够卓尔不群的重要基础。文化塑造的核心就是要帮助员工建立事业的坚定信念，将企业经营理念和价值观体现在企业管理制度中、体现在经营实践中、体现在员工的行为方式中，由此构成一个良好的组织氛围，影响员工的工作积极性和凝聚力，以文化的力量推动企业的进一步发展。

【狼性管理说】

虽然企业文化营造的只是一个氛围，但这必不可少。企业管理者一定要明白这种氛围对企业所能引起的影响，并且切实为营造这种氛围而努力。只有让员工在合适的气氛中工作，企业的效率才会更高，生存几率才会更大。

卓越的狼群文化

我们生在这个狼群
也将死在这个狼群
狼群所有的一切
我们都耳濡目染

并且身体力行

我们已经融入其中

成了狼群的一个有机部分

……

——【狼性宣言】

任何一条狼要想融入一个狼群，除了要和狼群中其他狼处理好关系，还有一点非常重要：认同狼群的文化，了解头狼的想法，不断学习这个狼群现有的东西。

文化不像基因那样可以遗传，而是人们通过学习才可以获得的行为规范。因此，企业领导者要想让员工融入企业文化之中，就必须不断地向员工传播本企业的核心思想和理念，并要求员工进行持续不断的学习。

同仁堂之所以取得巨大的成功，就在于其以文化因素为指导的经营管理思想，充分发挥全体员工的积极性，使员工认同并实践企业的方针、宗旨、发展战略和目标，从而使企业充满活力。同仁堂不断向员工灌输思想和理念的实践，有效地规范了企业行为的群体意识。

堂训：同修仁德，亲和敬业，济世养生。求珍品，品味虽贵必不敢减物力；讲堂誉，炮制虽繁必不敢省人工。承同仁堂诚信传统，扬中华医药美名。拳拳人心代代传；报国为民振堂风。

企业精神：同修仁德，济世养生。

企业目标：以高科技含量，高文化附加值，高市场占有率的绿色医药名牌产品为支柱，建设具有强大国际竞争力的大型医药产品集团。简称"三高一强"。

企业使命：弘扬中华医药文化，领导"绿色医药"潮流，提高人类生命与生活质量。

管理信念：同心同德，仁术仁心。

服务铭：为了您的健康与幸福，尽心尽力，尽善尽美。

生产现场标语：质量即生命，责任重泰山；一百道工序，一百个放心；生产一流品质，同仁堂永恒的信条；创造国际名牌，同仁堂不懈的追求；修合无人见，存心有天知。

随着时代的发展，同仁堂继承传统文化的精髓并不断融入新的内涵。在同仁堂，要求在产品上做到货真价实，决不弄虚作假，决不售假药，在服务中做到童叟无欺，一视同仁。教育员工要做到无虚无伪，周到服务，不讲分内分外，以恳切的态度倾听顾客的意见，不计较顾客身份。

同仁堂视信心、信念和信誉为企业的生命。信念是指同仁堂人要有一种服务同仁堂、献身同仁堂、立志岗位成才的信念，同仁堂开展了许多活动，如岗位练兵、以师带徒、主题教育等，来增强同仁堂人为同仁堂做出贡献的信念。信心是要敢于迎接挑战困难，善于排除各种障碍，在工作岗位上做出出色的成绩。信誉则集中体现为"同仁堂"的品牌内涵。在实践中，同仁堂要求员工做到"一言一行顾着集体荣誉，一思一念为了企业兴衰"，从维护企业形象，珍惜同仁堂金字招牌、关注企业兴衰的大处着眼，从言行举止，音容笑貌的小事做起，使企业信誉弘扬光大。

同仁堂不断挖掘和整理传统的经营道德观念，逐渐形成了以"德、诚、信"为核心的职业道德；以古训堂训为基本内涵的经营理念；以创新发展为基础的时代精神。在同仁堂，通过开展"我与同仁堂"演讲比赛、"我心目中的同仁堂"征文活动、"同仁堂小故事"征文活动、"遵堂训、授堂徽"等活动，使其企业精神深入人心；并结合工作的具体内容加以运用，达到提高职工整体思想道德素质，特别是培养职工优秀的企业意识的目的。通过不断地向员工灌输思想和理念，同仁堂集团的职工不仅保持了以"德、诚、信"为核心的强烈的质量意识和服务意识，而且不同程度地增强了市场意识、效益意识、竞争意识和集体整体意识。

为了更好地向员工传播思想和理念，同仁堂制定了每日"晨训"制度。通过晨训，药店经理不仅在口头上将同仁堂的理念、规章制度、服务规范灌输给员工，还对近期的新情况加以提示、强调，并提出相应的解决办法。在这一过程中，同仁堂的文化潜移默化地在员工的心中扎根。

企业文化是一种集体的文化，它强调的是管理在组织内所实现的活力，从而推动和激励企业内的每一位员工协调一致的行动，达到预定的目的。这就要求领导者要在加强企业文化建设的过程中，建立共同的价值观、培养团队精神、加强员工培训和鼓励员工个人学习。

企业应该从如下几个方面向员工传播先进企业的文化思想和理念：

1. 要提倡员工对企业的奉献精神和集体主义精神。

人们生活的意义不仅体现为社会对个人的满足，而且更重要地体现为个人对他人、对社会的贡献。人们通过共同创造，促进社会发展，这就需要人们对社会的贡献。人的本质潜在着的人的价值，人的价值实现了的人的本质。对社会的奉献精神是我们每个人对社会应该采取的生活原则和生活态度，是培育企业价值观的重要方法，也是实现人的价值的途径。

为此，领导者必须反对两种错误的倾向。一种是个人主义倾向，以为个人的价值就在于对自由的信念，主张自我选择、自我实现，一切以自我为中心，个人的自由高于一切。这种人只讲个人价值，不讲社会价值；只讲个人的主观需要，不讲社会的物质条件和精神条件的实际状况，不讲个人对社会的奉献。这种脱离社会和群体的个人主义，无论是对自己，还是对社会、对他人，都是有害的，应该杜绝。另一种是忽视个人需要的倾向。在个人与社会的关系上，人的价值既包括个人对社会的责任和奉献。也包括社会对个人的尊重和满足。也就是说，社会应该尊重个人的主体性、创造性，并应提供相应环境使个人的主体性、创造性得以发挥。同时，社会还应满足个人的合理需求，包括物质和文化两个方面。

在当前市场经济条件下，企业在工作中应强调奉献精神，但同时必须充分体现按劳分配、多劳多得的原则，让有奉献精神的人得到更多的物质利益；作为员工本人应该充分发扬奉献精神，哪怕是在个人利益上有所牺牲。个人主义在优秀的现代化企业中是没有市场的，集体主义构成了企业管理思想的主要内容。管理活动的目的和行为都是为了保持集体的协调。维护集体的利益，充分发挥团体的力量。

2. 确立员工的主人翁地位，营造"家庭"氛围。

所谓"主人翁"是说明主体对客体的关系。当主体对客体具有占有、使用、经营管理等关系，主体能以自己的意志去影响、支配客体的活动时，主体就是客体的主人或称主体在主客关系中处于主人翁地位。对企业来说，员工的主人翁地位就体现在员工对企业的所有、使用和经营管理关系及权利，以其意志能够影响和支配企业的各种活动中。当劳动者的主人翁地位在企业得到切实的保障，他们的劳动又与自身的物质利益紧密联系的时候，劳动者的积极性、创造性和聪明才智就能充分发挥出来，员工的精神面貌就会焕然一新，企业也就充满了勃勃生机。在现代企业中要使每个员工树立企业即"家"的基本理念。"家"是社会最基本的文化概念，企业是"家"的放大体。在企业这个大家庭中，所有员工包括总裁在内，都是家族的一员。在大家庭中，所有人都被一视同仁，蓝领工人和白领工人在待遇、晋升制度、工资制度、奖金制度、工作时间等方面都相同，所有员工都有参与管理、参与决策的权力。企业领导要特别重视"感情投资"，企业经理要熟悉员工的情况，可经常组织运动会、联欢会、纳凉会、恳谈、野餐会和外出旅行等活动，邀请员工家属参加，这样可使企业洋溢着家庭的和谐气氛。员工就会以主人翁的态度和当家作主精神从事生产，对自己、对企业负责，自觉遵守纪律，按质、按量完成生产任务和工作任务。只有在这种充满激情和创造性的员工活动中，企业的价值才得以确立，企业的经营目标才得以实现，企业才得以不断发展。

3. 以"和"为本，培养员工爱岗敬业和团结协作精神。

在市场经济条件下，员工的命运和企业的兴衰是紧密联系在一起的，因此，企业应重视培养员工的爱岗敬业精神。员工有了爱岗敬业的精神，就会牢固树立大局观念，自觉地与企业同呼吸，共命运，荣辱与共，真正从内心里关心企业的成长和发展，并积极为企业的发展献计献策。

同时，企业要培养员工的团结协作精神。俗话说，人心齐，泰山移，团结就是力量。企业领导要在企业内部营造一种开放坦诚的沟通气氛，使工之间能够充分沟通意见，通过相互沟通，消除隔阂，增进了解。

在团体内部提倡心心相印、和睦相处、合作共事，反对彼此倾轧、内耗外报。但强调"以和为本"并非排斥竞争，而是强调内和外争，即对内让而不争，对外争而不让。要鼓励员工参与管理，勇于发表意见和提出批评。企业要采取各种激励措施，引导员工团结向上，增强凝聚力，使员工之间、员工和企业之间产生一体感，从而团结协作，同心同德，齐心协力，共同完成企业的经营目标。

4. 树立"经营即教育"的理念，加强对员工的教育。

企业应把教育作为企业对社会的义务，企业对员工的教育会促进企业的发展。因此，企业应把教育作为其经营理念的核心，树立"经营即教育"的理念。

第一，企业和社会有一种无言的契约。即经营是社会对企业的委托，要完成此重任，必须依靠全体成员的共同努力，必须统一他们的思想与行为，统一的方法靠教育。

第二，经营好企业，必须集合众智，使得每个员工都把自己当做企业的经营者，做好应做的工作，并在取得成功的过程中体现自身的价值。为了造就这样的集体，必须靠教育。

第三，依靠教育在企业成员中确定经营的目的是为社会服务，利润乃是服务的"报酬"理念、教育的动力来自于团队精神，同时通过教育强化团队精神，团队精神是企业的管理之魂。

总之，团队协作精神代表了一个企业的基本素质，是企业发展繁荣的基本条件。由于目前我国企业的团队精神的成熟度不够，个性不强，因此需要对团队精神进行再培育和重塑，同时还应充分考虑适应社会主义市场经济的要求，把竞争观念、市场观念、效益观念、信息观念等融合到团队精神的培育全过程中，使之成为团队精神的基础。

【狼性管理说】

一个企业是否卓越，从它的企业文化当中就可以看出来。只有具备卓越文化的企业，才能真正走向卓越。对此，管理者应该明确自己的职责，知道该怎么去做。

认同企业文化，甘于奉献

我们是狼

身上背负着狼群的职责

听从头狼的命令

服从头狼的管理

只有这样

我们才能

做狼群的主人

……

——【狼性宣言】

狼之所以很好管理，是因为它们认同了这个狼群的文化，正如认同了企业文化的员工一样。从表面上看，这是一种积极性，实际上则是一种心理上的认同、一种行动上的融入。

企业领导者或管理者有必要向员工灌输本企业的企业文化，并使员工从心底里认同企业文化。领导者若能创造出一种良好的企业文化氛围，就能凝聚起员工的人心和力量，员工就会与企业融为一体。

企业文化成为许多企业走向成功的强大动力和重要法宝。调查研究表明：世界500强成功的根本原因在于，他们善于给企业文化注入活力。美国另一位权威学者甚至大胆预言：企业文化在未来十年内很可能成为决定企业兴衰的关键因素。可见，企业文化在企业的发展过程中起着十分重要的作用。

山东丽鹏包装有限公司，现为全国包装行业的龙头老大，董事长孙世尧认为，公司有今天，唯一的秘诀就是打造员工认同的企业文化，对员工进行有效的管理和培养，具体做法是：

第一，抓教育，构建健康向上的企业精神

公司从舆论导向入手，坚持每天广播五次，早晨在《歌唱祖国》的歌声中开始新的一天，6：30准时转播国内外新闻，并通过广播宣传国家的方针政策和公司里的大事要闻。这样，使员工眼睛看的、耳朵听的、日常想的和干的，到处都是知识，时时受到鼓舞，不断提高员工的国家观念、民族观念，使全体员工爱国爱厂的抽象概念变得具体形象化，变成日常的自觉行为。

第二，抓活动，增强员工的凝聚力和向心力

公司规定连续三年被评为先进工人、优秀团员的员工可享受到北京旅游的资格，连续五年被评为先进的可乘飞机外出旅游。2001年5月，公司有44名先进员工乘飞机到南京旅游，这些活动使广大干部员工增强了做丽鹏人的光荣感和自豪感。

孙世尧认为，要让员工从心底里认同企业文化，最关键的是对员工进行培训，培养员工良好的工作态度和习惯，丽鹏的教育方法有："请进来，走出去"、互讲互学、自我教育、电视教学、举办培训班、集中培训与分散教育相结合、因人而异，因材施教等。

丽鹏公司大力提倡鼓励员工自学，凡取得第二学历者报销全部学费。现在，丽鹏公司的员工都树立起了这样的理念：公司是以成绩论英雄，凭德才坐位置，实行能者上、平者让、庸者下的竞争机制，逐步建立起符合现代企业的用人观念。

孙世尧认为，领导与员工之间，有良性互动才能有良性循环。丽鹏公司本着"一片真心换诚心"的原则，在工作、生活等各方面对员工进行无微不至的关怀，帮助他们解决后顾之忧。在公司安家的各级干部，公司无偿提供住房；公司投资20多万元建成高标准幼儿园为员工解决困难，全部免费为员工的小孩提供饭菜和服务。

山东丽鹏包装有限公司之所以不断发展壮大，异军突起，是因为丽鹏的员工热爱自己的企业，员工有好的思想、好的行为和顽强的斗志，这就是无形的企业文化所起的作用。

如今，越来越多的企业逐渐认识到无形的企业文化比有形的机器设备对企业发展更有力量。但必须强调，企业文化不是用来标榜企业的美丽外衣，而是企业里每一个人心目中的价值观念和行为准则，是工作生活的自然习惯，它需要企业中每个员工的参与和认同。如果每一个员工都能融入到企业文化中，企业的人性化管理就实现了。只有当员工和企业的价值观保持一致并完全融为一体的时候，员工的潜能才能发挥到最大值。才能创造出奇迹。

1. 培养员工的认同感。

一般来说，成功的企业都有自己独具特色的文化，并且非常注重培养员工的认同感，能够让员工尽快融入企业文化。

企业文化不能是一个标语，它应该真正渗透到员工的内心深处。

文化的锻造就是必须让员工"亲身体验"到，让员工感觉到文化就在身边，跟自己的工作息息相关。

2. 企业文化建立的前提是改变人的意识。

企业文化要出现在公司的各个角落，不但要有能够体现公司文化的办公环境、建筑和设施，在办公区、会议室、板报、内刊、局域网等传播媒介和公众场合，更要注意时时宣扬和阐释公司的文化，尤其是企业文化的理念。

3. 企业文化要让员工处处"感受"得到。

领导者应该清楚地告诉人们公司的目标是什么，然后关注目标的每个细节，让员工在自身的工作中来感受文化的不同。与员工工作相关的因素包括：管理风格、职责权限、绩效考核、激励机制、团队关系、工作流程、培训体系、制度和规范。

从员工进入公司的第一天，见到的第一个人起，他实际就在感受公司的文化了。诸如面试时有没有人热情接待，考官的态度，进入公司后主管和同事是否真心帮助他，是否让他感觉到公司的温馨，这些都还是初步和浅层次的文化融合。当他在公司工作了一段时间，业务开始熟悉，就会深刻体会到公司的流程、制度、规范、考核、激励机制等等，这些是企业文化的深层次表现形式，也会使他逐步形成自己对文化的理解。公司只有在这些环节上都体现出"以人为本"，才能让员工认同。

4. 企业文化能让员工自己做得到。

思考并不能使我们养成一种新的行动方式，而实践却可以帮我们形成一种习惯。通过积极的沟通和培训使员工改变观念，按照企业文化的要求行动起来。可以将文化与奖励或业绩联系起来，一个组织中的人应清楚哪些行为是应该受到重视和尊敬的。如果一家公司能够真正地将员工的回报和文化联系起来，它的文化才会真正地发挥作用。

那些高瞻远瞩的公司并没有什么特别的理念，理念的真实性和公司对理念执行的一贯性程度比理念的内容更重要。也就是说，重要的是如何根据企业理念的要求，改善员工的行为，自觉认同和遵从公司文化，这才是文化塑造的真谛。

在对狼群的了解当中我们知道，很多时候，狼的身上具备很多人类都不具备的奉献精神。特别是在狼群遭遇危险的时候，往往狼群中的一条狼会主动离开狼群，并且制造动静，吸引敌人的注意，掩护狼群的离开。正是具备了这种奉献的精神，无论是人类还是其他动物，都很少能将狼"一窝端"。

3M 公司在实施企业文化和企业精神培育中，极力培养员工"热衷奉献"的企业精神。就拿新产品开发来说，没有热衷奉献的企业精神，公司就不可能有今天的成功。《幸福杂志》对此曾作评论如下："最令 3M 感到欣慰的是，公司每个人在开发新产品时，或是把别人没有信心的产品成功地推入市场时，或是想出如何大量降低生产成本时，都能把产品当作自己的事业一样来处理，而且上司多半都放手让他们这样做。"

人们生活的意义不仅体现为社会对个人的满足，更重要地体现为个人对他人、对社会的贡献。人们通过共同创造，促进社会发展。人的本质潜在着的人的价值，人的价值实现了人的本质。对社会的奉献精神是我们每个人对社会应该采取的生活原则和生活态度，是培育企业价值观的重要方法，也是实现人的价值的途径。

在当前市场经济条件下，企业在工作中应强调奉献精神，但同时必须充分体现按劳分配、多劳多得的原则，让有奉献精神的人得到更多的物质利益；作为员工本人应该充分发扬奉献精神，哪怕是在个人利益上有所牺牲。个人主义在优秀的现代化企业中是没有市场的，集体主义构成了企业管理思想的主要内容。管理活动的目的和行为都是为了保持集体的协调。维护集体的利益，充分发挥团体的力量。

【狼性管理说】

管理企业，说容易也不容易，说难也不难，只要领导者懂得让员工真正理解、融入这个企业，成为企业的一个有机的分子，那么员工就会自动自发地完成工作、执行命令、为企业效力。

树立独特文化，统一思想

虽然
我们的队形散漫
但是
我们的心却很统一
目标非常明确
所以
我们的步伐很整齐
唰、唰、唰，
就像一支森林军队
巡逻在属于自己的地盘上
······

——【狼性宣言】

虽然在很多时候，狼群并不是单列式前进，但这并不影响它们完美的猎杀。这不仅仅是因为它们有着明确的目标，还在于狼群统一了自己的思想、统一了步伐。

　　一个高效率的企业离不开统一的思想，这种统一的思想要不断地向员工灌输。

　　松下电器自1918年松下幸之助创办以来，始终以"为了使人们的生活变得更加丰富、更加舒适，为了世界文化的发展做出贡献"为经营理念，这个信念，赋予了企业超越经济利益追求的崇高地位。

　　松下幸之助并不将企业视为一个经济的系统，他更将企业看成是一个有机体，这个有机体的目的，是实现特定的理想。为此，他为松下设立了"产业报国、光明正大、团结一致、奋发向上、礼貌谦让、改革发展、服务奉献"的二十八字精神。他还说："松下首先培养人，兼而提供产品和服务。"基于这种人本的价值观念，他将员工的追求和发展放到最紧要的位置上，通过对人的培养，帮助员工实现自己的价值追求。

　　为了塑造信念，松下产生了不少概念和信条，比如：

　　松下之魂——贯彻产业人应尽之责，力图社会生活之改善和提高，为世界文化之发展做出贡献。

　　用生存发展之观点看待一切事物——人的认识是无限的，资源也是无限的。

　　使用和培养人的经营——育人；用人要信赖对方；闻过则喜；取长补短；不能光靠工作的知识和经验，要成为一位临床专家。

　　顾客至上的经营——无形的合同；宣传的意义；在能够提供产品的范围内做生意；主顾是我的亲家。

　　松下的经营理念当然远不止上面所列的概念，并且在每一个概念的背后，又都有实质性的内涵和行动。比如"育才"，松下幸之助就提出了七个关键点：强烈地感到培育人才的重要性、要有尊重人才的基本精神、明确教诲经营理念和使命感、彻底教育员工企业必须盈利、致力于改善劳动条件及员工福利、让员工拥有梦想、以正确的人生观为基础。可以看到，在松下的育才方法中，包含着浓厚的信念色彩，如"使命感"、"让员工拥有梦想"、"以正确的人生观为基础"等。

　　松下在帮助员工建立信念方面投入了大量的心血。松下靠建立信念取得成功，同时也获得了世界范围内广泛的认同，松下幸之助也因为他独特的价值观念和经营哲学被誉为"经营之神"。

任何一个企业为了生存和获取成功，必须具有一套牢固的信念，作为制定政策和采取行动的前提。

企业的理想和信念是群体意识的精华，是企业价值观的精髓，它不能自发地产生，也不能由外界强加，它需要一个由分散到系统、从现象到本质，去伪存真，去粗取精，不断概括、升华的提炼过程。如果没有这个过程，企业群体意识和价值观将始终处于一种自发、散乱、不自觉、不系统的状态，无法升华为团队精神。企业文化的统一语言表达应遵循以下原则。

1. 要准确而深刻。

提炼团队统一的语言应抓住企业群体意识的精华和企业价值观的核心，反映企业实质的、根本性的精神理念，既要准确无误，不使人产生歧义，又要富有内涵，饱含理性和思辨色彩，不能让人一看就觉得平淡无味、苍白无力。

2. 要有个性特色。

简单地说，企业文化提炼出来后，不能与别的企业雷同，而只能是自己企业的专用。这就要求提炼企业文化统一语言时要对企业的性质与规模、历史与前景、环境与人文等做全面深刻的研究、分析，然后给予精辟、简要的表述。这种个性特色源自企业所处行业的特殊点、经营管理的成功点、参与市场竞争的优势点、优良传统的闪光点、领导人自身修养与风范的独特点、员工心理期望的共识点及企业未来发展的目标点等。团队的共同语言应是企业上述特点凝合、聚焦的结果。

3. 要简洁而生动。

企业文化语言不能冗长和拖沓，干巴无味，必须简单明了，生动感人。在用词上要准确、达意，而且富有哲理。一般而言，团队内部统一的语言，要让人觉得既明快又自然，既深刻又亲切，易读，易懂，易记，朗朗上口，自然流畅。

狼性管理——企业傲然生存的狼性管理法则

管理者要想让员工为企业付出、提高执行力，就必须从他的思维入手，把他的思维统一到企业的整体目标上来，这样他才会自动自发跑起来，而不是被领导者牵着鼻子走。

用归属感铸就企业的"狼魂"

> 狼族
> 有狼族的灵魂
> 正是这种内在的性灵
> 把我们和羊区别了开来
> ……
>
> ——【狼性宣言】

一个狼群，要想获得发展，就必须让群狼有一种归属感，否则群狼不仅会"炒头狼的鱿鱼"，而且还会离开这个狼群，加入其他的狼群。企业也是如此，如果没有让员工具备"归属感"，员工可能会炒老板的鱿鱼，也可能会加入对手企业，和原企业对着干。

能够因为事业的价值聚集在一起才能真正把事业做大，即使企业面临困境时，这些人也会和企业风雨同舟，荣辱与共，这就是"归属感"的强大力量。要想员工忠实地为你效力，领导者就必须加强培养员工的归属感。

1989 年，春兰公司接收了一个大学生。正当这位年轻人踌躇满志、准备大干一番的时候，意想不到的打击来到了他的面前，一场重病使他住进了医院，医生诊断为肝坏死。这位大学生实习期尚未满家又在农村，困难可想而知。陶建幸没有犹豫，立刻让厂办用专车把病人送到附近最好的医院去抢救。有人说，"病人对春兰没做什么又没多大希望了，厂里捐一大笔钱值得吗?"陶建幸说:"只要有1%的希望,就要尽100%的努力,春兰公司要给病人家庭般的温暖。"经抢救,病人终于死里逃生,病愈后在技术岗位中积极发挥作用,并担任了技术组组长。后来,这位大学生深有感触地说:"是陶总救了我,给了我新生,我要为春兰奋斗一辈子。"

自1985年陶建幸出任厂长以来,他就以关心职工、爱护职工作为自己工作的准则。职工吃饭不方便,他提议投资500万元建起一个高标准的职工食堂;职工娱乐生活单调,他又提议建起相当水平的职工之家……

在陶建幸的带动和影响下,"不图虚名,勇于奉献"成了春兰人的自觉行动。

一次,新春上班第一天工厂即接到生产命令:每条摩托车组装线班产必须尽快达到400辆。400辆,即每条线班产量是原先的2倍。人员依旧,装备不增,成倍的产出无疑要求员工做出更多的付出。然而,工厂没鼓劲动员,更未动用奖惩,职工们在各自的岗位上开始自我加压。当时的厂报在"一线风采撷英"栏目下有这样一组记载:消音器组装十分困难,接连猛干了几天,汪清武的两个手腕都扳肿了,仍然咬紧牙关硬挺了下来;袁国民的口袋鼓鼓的,装的全是从医务室取来的药品,他身体不好,常常是找点水吃几颗药,又继续干开了;沈红中爱人生孩子,他回家仅照料一天,第二天就回到了生产岗位;每天装配线停线时,总有一大批成品车待打包,在包装线上劳累了一天的宫敏、许海峰、叶翔等人总是主动前去帮助送车,每天要送10多辆,拖到晚上7时下班是常事……每条线班产摩托车终于突破400辆。

还有一次,春兰集团第三工厂收到德国萨马格公司一份电传文件,大意为:本公司宣告破产,对出售给贵厂的精密机床不再履行调试义务;如需本公司继续派员调试得重新支付费用,若自行完成调试,贵厂所欠萨马格公司78万元货款可以不再支付。

原来,第三工厂花了近1000万元人民币自萨马格公司进口了一台加工摩托发动机缸头的专用机床。德方曾先后三次派出13人次前来调试93

天，但始终无法达到设计要求。万般无奈的德国技师以"回厂重新设计方案"为由一走了之。令三厂人始料不及的是，他们走后的回复竟是一纸"破产"电传。

"我们自己干！""天大的困难也要想出法子克服！"就在本部准备动员自身力量调试时，综合车间主任周玉林、机修班班长陈庆华站了出来。随后，由陈庆华领头的四名技工迅速进入攻坚现场：3月20日，全面测量，依据3000多组数据制订调试方案；3月22日再调整方案；23日动手调试；27日，当四名技工奋战六昼夜摸索出的第四套方案应用于调试时，奇迹出现了——3个工位12把刀切削精确，运转自如，各项指标完全达到设计标准！

事后，当工厂主要领导提出兑现许诺，要重奖攻坚小组时，周玉林、陈庆华等人推辞道："我们做的是分内事，哪值得奖励！"人的天性中，有一个很大的心理特点，就是寻求归属感。所谓归属感，就是隶属他人或团体，并按其影响而获得心理上的满足感。一个人一旦失去归属，就会非常强烈地感到，自己多么需要有一个可停靠的"港湾"，这是一种非常普遍的社会心理现象。

企业要发展壮大，光有基础和方向还远远不够，最重要的是要有大量的把工作当事业干的人。怎样才能做到这一点呢？唯一的途径就是培养员工的归属感，有了归属感的员工就会"以厂为家"，就会忠诚敬业，就会充满创新精神，将事业做大做强。

如今，越来越多的企业领导者认识到，企业不能只靠高薪，还要用感情和文化来吸引人、留住人。因为员工在充满人情味的环境里就会有一种归属感，从而全身心地投入工作。

员工的归属感首先来自待遇。待遇具体体现在员工的工资和福利上。衣食住行是人生存最基本的需求，买房、买车、购置日常物品等都需要金钱，这都依靠员工在公司取得的工资和福利来实现。在收入上让每个员工都满意是一项比较艰难的事情，但是待遇要能满足员工最基本的生活需求才能在最基本的层面上留住人才。因此，待遇在人才管理中只是一个保证因素，而不是人才留与走的激励因素。

一部分人在从事工作的同时，不单单是为了工资待遇，他们更注重自己在企业中的位置与个人价值体现，以及未来价值的提升和发展。个人价值包括技术能力、管理能力、业务能力、基本素质、交涉能力等，领导者提供机会帮助员工增强以上能力，是企业增强魅力、吸引人才的重要手段。

增强员工归属感还需要特别注重每个员工的兴趣。兴趣是最好的老师，有兴趣才能自觉自愿地去学习，这样才能做好自己想做的事情。作为领导者应该尽可能考虑员工的兴趣和特长所在。擅长搞管理的，尽可能去挖掘、培养他的管理能力，并适当提供管理机会；喜欢钻研技术的，就不要让其去做管理工作。

增强员工的归属感，平等是非常重要的，要建立合理的规章制度，无论是什么人，领导的"红人"也好，普通员工也罢，都要严格按照规规办事，做到"王子犯法与庶民同罪"，这样员工就会在心理上感到了平衡，心灵上得到了满足。

适当的压力有利企业的发展。没有压力和动力的企业必然没有创新和发展，但压力太大，员工肯定很难承受。同样，企业不给员工加油，员工肯定不会有动力，企业也就谈不上进步。

如果想创造一个良好的团队，就要让员工把公司当家一样去看待，让他们觉得自己是公司的一分子，而不是老板的奴隶，老板不是一个独裁者，会采纳大家意见，让大家觉得他们也是公司决策的一分子，公司的每一个成就都有他们的一份汗水。任何人都希望让别人喜欢他，让别人认可他，让别人信服他，让别人觉得他重要。

【狼性管理说】

管理者应具有良好的亲和力，建立良好的工作氛围。一个勾心斗角、利欲熏心的企业，说员工有很强的归属感，恐怕也是假话。

卓越的头狼和企业家精神

头狼

是我们的方向

更是我们的主心骨

在它的身上

我们能看到狼心的力量

伟大的头狼

让我们生得伟大

死得光荣

……

——【狼性宣言】

一条好的头狼之所以能带出一个好的狼群，原因是在这些头狼身上，有很好的狼性文化，能够把狼群塑造成一个快速、有效的捕猎团队。

领导者用近期将要实现的目标和近在眼前的奶酪来激励员工，是重要而且很有效的。但更高层次的员工显然不会满足于眼前的奶酪，他们通常是理想主义者，需要更崇高的企业文化，以帮助他们实现人生理想的目标。

商界有一种说法：企业家是企业文化的倡导者，有什么样的企业家，就会创造什么样的企业文化。李东升就为"TCL兵团"在浩浩荡荡的行军中树立了一面鲜明的旗帜，这面旗帜指挥着TCL的千军万马，它所蕴含的内在精神在每一个TCL人的心中浸润传送，它是TCL的企业灵魂。

李东升首先为TCL树立了明确的经营目标，它为TCL的所有管理决策指明了方向，为员工指明了方向，从而激发出他们的勇气和动力，为 TCL 的发展和壮大冲锋陷阵。这个目标，就是"创造中国名牌，建立一流企业"。李东升始终将创立一个驰名全球市场、具有国际竞争力的中国品牌作为奋斗目标，他号召全体员工首先将 TCL 打造成中国名牌而努力，然后在此基础上争创世界名牌。当然，这必须要以建设一个具有国际竞争力的综合企业为前提。

李东升作为 TCL 的领路人，为 TCL 树立的企业宗旨是"为顾客创造价值，为员工创造机会，为社会创造效益，"这也是 TCL 办企业的目的。

一方面，TCL 坚持为顾客创造价值，从产品的实用性出发，在产品的实际功能上降低成本，从而降低产品的价格，同时保证产品的质量，提高性能价格比；同时，也成功地实现了 TCL 产品被市场接受的目的，获得了很好的收益。TCL 认为，在市场经济条件下，必须把消费者放在首位，不断满足他们的要求。

"为员工创造机会"则充分体现了 TCL 人本管理思想。企业文化是一种以人为中心的企业管理方式，只有充分发挥人力资源的优势，才能使企业文化成为一个企业成长的动力。在这一点上，李东升有他的独到见解。他强调，管理上应该用"道"，而不是用"术"，"大道无术"是管理的最高境界。为员工创造机会，就是 TCL 的管理之道。

在 TCL 宗旨的指导下，TCL 人也创造了巨大的社会效益。首先，TCL 通过向社会提供一流的产品、一流的服务，为社会创造了大量的财富。其次，TCL 生产经营的持续、快速、健康发展为社会解决了许多劳动就业负担，同时也使大量优秀人才找到了实现自我价值、为社会做贡献的舞台。

良好的企业精神是企业文化的精髓与灵魂，决定着全体员工的行为规范和企业文化的各个方面。TCL 自创建以来，根据企业发展需要和时代的变化，始终将树立具有 TCL 特色的企业精神放在首位，提出了许多充满号召力而又富有哲理的口号。

从创业初期的"廉洁奉公、思想统一、雷厉风行、富有成效"，到

1993 年初 TCL 电子集团成立伊始的"团结开拓、艰苦拼搏",TCL 在多年的实践中不断将自己的企业精神加以推广、实施,这是 TCL 取得成功的关键因素之一。

发展到现在,TCL 将其企业精神浓缩为敬业、团队、创新三个方面。

在 TCL 的企业文化中,既可以看到中国传统文化中的兼收并蓄、团结和谐,伦理领域中的顾全大局、牺牲小我、维护整体、集体至上的价值取向,也能看到西方文化强调的科学性、创新性、竞争性、严谨性和卓越的经营理念。回顾 TCL 的每一次前进的踪迹会发现,正是这种中西合璧、兼收并蓄的文化,才使 TCL 发展成为成熟的大型综合性企业集团,也为明天的辉煌奠定了坚实的基础。"文化是明天的经济"的企业经营理念,在 TCL 的成长中得到了充分的体现。

而 TCL 人所缔造的赢局,所取得的成功,有其内在必然性。美国《商业周刊》评价 TCL 的成就时称"TCL 是中国最具研究价值的企业案例",但愿中国的企业家们能真正解读这一案例,为自己的明天增彩。

白背狼是一条伟大的头狼,这一点谁都不会否认。也正因为如此,在它的身边,聚集了十几条为它卖命、为它拼搏奋斗的成年狼。这就是头狼的魅力、领导者的魅力,也是狼群文化的魅力。

从一个个成功的企业领导者身上我们发现,他们不仅创造了经济奇迹和物质财富,更重要的是他们创造了无比可贵的精神财富,即各具特色的企业文化。因而,企业领导者不仅是一种经济现象,也是一种文化现象。

卓越的企业领导者和卓越的企业文化具有内在统一性。企业家精神及企业家形象,是企业文化的一面镜子,卓越的企业文化是领导者德才水平、创造精神、事业心和责任感的综合体。因为优秀的企业文化不是自发产生的,而是领导者在企业长期实践和经验认识的自觉活动中产生的。领导者深知肩负塑造企业文化责任的重大,在企业文化建设中,企业家从本企业的特点出发,以自己的企业哲学、理想、价值观、伦理观和风格融合成企业的宗旨,企业价值观逐渐被广大职工所认同、遵守、发展和完善。

领导者不仅要成为企业经济行为的担当者，更要成为企业价值观和行为准则的设计者。为此，领导者首先要确立合乎时代精神和企业特点的价值观念，并带头示范，身体力行，通过企业的规章制度、管理措施、管理风格渗透到企业每个职工、每个单位、每个工序，渗透到企业产品生产的整个过程，从而为广大职工所接受，成为占企业中统治地位的价值观。

在企业中，领导者无疑是最关键的核心人物，我们不仅能从企业的经营管理中看到这种地位，而且也能从企业精神的形成和发展中再次证实领导者的这种作用。为了能够不断地激励自己和员工们去努力拼搏，在经营管理实践中，必然会形成各具特色的企业家精神。一般而言，企业家精神作为一种共性应具有如下特点：

1. 热爱祖国的奉献精神

企业家不仅对振兴民族经济和促进企业发展负有重大责任，而且对社会全面进步和人的全面发展负有社会责任；不仅热爱企业，热爱人民，而且具有强烈的爱国情结并把它转化成一种奉献精神，把自己的知识、智慧奉献给人民，奉献给祖国。在发展社会主义市场经济条件下，企业家的这种奉献精神，促进企业为人民、为社会多做好事，反对和抵制拜金主义、享乐主义和个人主义；在生产经营活动中通过合法、诚实的劳动获取正当的经济利益，正确处理好国家、集体和个人的关系，反对小团体主义、本位主义，反对损公肥私、损人利己等方面的优秀文化和良好作风，形成爱岗敬业、诚实守信、办事公道、服务群众、奉献社会的职业道德，具有积极的引导作用。奉献精神是社会主义精神文明的本质要求，也是企业家精神和企业文化的最高境界。

2. 求实精神

求实有两层意思：其一是说领导者具有实干精神，一切从实际出发，不夸夸其谈，只唱高调。要使企业在市场竞争中站住脚，不断扩大规模，扩充自身实力，就必须持续进行技术更新改造、降低成本、提高产品质量；正确处理内部人际关系、分配关系及与外部宏观经济的各种关系。

这一切都要求领导者脚踏实地、身体力行地去组织实施，切实提高企业的劳动生产率。其二是说领导者的每一项决策、规划、措施，都力求符合企业实际和国情。虽然在具体思路和理论上，应该强调一定的超前性、先进性，但要以现实的承受能力为限度，而非盲目的决策指挥，不超越客观允许的条件。同时，又不断依据变化了的新情况、新问题，修正和调整自己所追求的目标。

3. 开拓创新精神

从一定意义上讲，领导者之所以成为领导者，在很大程度上取决于他们的开拓创新精神。开拓创新精神是在市场经济规律作用下形成的，强存弱亡是竞争的一般结果，为此，要在市场竞争中求得生存和发展，唯有采取"人无我有，人有我优"的开拓创新策略。

创新意识是企业家精神的本质特征，也是企业家精神得以实现的基本条件。而开拓精神是建立在强烈的创新意识的基础之上的。成功的领导者无不具有开拓创新的精神特征。

4. 冒险精神

冒险精神是领导者特有的一种精神素质。指领导者在决策、用人等企业领导活动中所具有的，为达到既定目的，敢于承受风险的气魄和胆略。冒险精神是企业家精神不可缺少的组成部分。企业领导者在市场竞争中面临的变数非常多，不管对经营决策进行多么科学详细的预测、论证，风险仍然存在，这是现代市场经济的特点。企业领导者只有把风险视为压力并转化为冒险精神，充分利用风险机制，才能成长为真正的企业家。比如成功的企业家李嘉诚、包玉刚、李晓华等，也是有胆有识的冒险家。

敢于冒险的精神，事实上反映了经营者素质、胆略和娴熟的经营技巧，勇于冒险的领导者才能开拓、创新。

5. 追求卓越的精神

卓越并非一种成就，而是一种精神。这一精神掌握了一个人或一个公司的生命和灵魂，它是一个永无休止的学习过程，本身就带有满足感。由此可见，追求卓越、争创一流就是一种永不满足的进取精神。同时，追求卓越也体现了一种竞争精神，"人无我有，人有我新，人新我优"，这种"最佳、最新、最优"的竞争意识就是企业家追求卓越的精神。只有具备这种精神，企业家才能产生一种傲视群雄、勇往直前的大无畏气概。

【狼性管理说】

卓越的领导者在企业中既是管理领袖，又是员工的思想领袖，他以自己的新思想、新观念、新思维、新的价值取向来倡导和培植卓越的企业文化。卓越的企业文化具有时代特色，它是本国传统思想、伦理、价值观念的精华和时代精神融合而成的精神力量，是先进的、科学的、有生命力的文化与现代企业的完美结合。